Wedig Kolster

Metaphysik und Metaphysisches. Ist Metaphysik an ihr Ende gelangt?

BIBLIOTHECA ACADEMICA

Reihe

Philosophie

Band 7

ERGON VERLAG

Wedig Kolster

Metaphysik und Metaphysisches. Ist Metaphysik an ihr Ende gelangt?

ERGON VERLAG

Bibliografische Information der Deutschen Nationalbibliothek
Die Deutsche Nationalbibliothek verzeichnet diese Publikation in der Deutschen Nationalbibliografie; detaillierte bibliografische Daten sind im Internet über http://dnb.d-nb.de abrufbar.

Gedruckt auf alterungsbeständigem Papier.
Satz: Thomas Breier
Umschlaggestaltung: Jan von Hugo

www.ergon-verlag.de

ISSN 2509-8683
ISBN 978-3-95650-295-8

Vorwort

Metaphysik wird hier verstanden aus den Möglichkeiten eines Wissens über die Welt. Unterschieden werden die Möglichkeiten durch ihre unterschiedlichen neuronalen Prozesse, wie sie aus neurowissenschaftlichen Untersuchungen hervorgehen. Behandelt wurden diese Möglichkeiten und Bedingungen des Wissens in vorausgegangenen Veröffentlichungen zur Ethik sowie zu Werten und Konflikten.

Leser, die die Bedingungen eines Wissens über die Welt aus diesen Untersuchungen kennen, können Teile des Kapitels B überschlagen.

August 2017

Wedig Kolster

Inhalt

A. Das Problem

I. Ist Metaphysik an ihr Ende gelangt?

Gegenwärtig wird wiederholt die Frage diskutiert, ob Metaphysik an ihr Ende gekommen ist oder nicht. Allein die Fülle der Veröffentlichungen zu dieser Frage ist ein erster Hinweis dafür, dass Metaphysik nicht in die Bedeutungslosigkeit versunken ist. Wenn sie aber nicht untergegangen ist, worin besteht dann ihre Bedeutung unter den Bedingungen moderner Wissenschaft?

Um zu verstehen, was mit Metaphysik gemeint ist, ist es erhellend, einmal nach ihrer Entstehung im Altertum zu fragen. Entstanden ist sie in der Zeit des Übergangs von mythischer Welterklärung zur wissenschaftlichen Erklärung durch Begriffe, in den Zeiten der Vorsokratiker bis hin zur griechischen Klassik. Hübner hat am Beispiel des griechischen Mythos das Erklärungsvermögens einerseits des Mythos und andererseits der Wissenschaft ausführlich untersucht. In mythischer Zeit trat kein Unterschied zwischen der Erklärung eines Gegenstandes durch Göttergeschichten und Fragen nach den grundlegendsten der Erklärungsprinzipien auf, weil die Götter das Erklärende waren und keiner weiteren Prinzipien bedurften. In der späteren profanen Zeit traten an die Stelle erklärender Göttergeschichten Begriffe. Der geistesgeschichtliche Prozess der Verdrängung des Mythos durch die Wissenschaft sei selber unerklärbar, meint Hübner.[1] Als Folge des Übergangs zu begrifflicher Erklärung und der Entstehung von Wissenschaft traten Fragen auf zu dieser Art von Erkenntnis wie die nach den ersten allgemeinsten Grundlagen begrifflicher Möglichkeiten für Gegenstände der Welt. Es war die Suche nach letzten Ursachen und Prinzipien des Wissens; die Suche, wie weit man zurückgehen kann, um das Fundament zu finden, von wo aus wir die Wirklichkeit erklären und verstehen können, auch um einer Einheit der Wissenschaft willen.

Antworten auf diese Fragen waren nicht mehr aus der sinnlichen Beobachtung zu erschließen, weil sie über diese hinausgingen. Aristoteles hat seine Überlegungen und Antworten auf diese Fragen in einer Reihe von Einzelschriften verfasst, die Andronikos von Rhodos nach seinem Tod hinter Schriften der Physik (metá physica) einordnete; zusammengefasst ergab sich für sie der Namen Metaphysik.[2]

Aristoteles hat sie eine höchste Wissenschaft genannt und folgendermaßen beschrieben: „eine Wissenschaft des im höchsten Sinne Wissbaren, im höchsten Sinne wissbar aber sind die ersten Prinzipien und die Ursachen; denn durch diese und aus diesen wird das andere erkannt, aber nicht dies aus dem Untergeordnetem“[3].

---

1 Hübner (1985), S. 371.
2 Wolf, S. 9.
3 Aristoteles, Met. A2 982 b2-4 (S. 41).

Seit den ersten aristotelischen Schriften hat es eine große Vielfalt von Fragestellungen und Systemen gegeben, wie Metaphysik verstanden wurde.

Wie die Konzepte der Wissenschaft zur Erschließung der Wirklichkeit unterlagen auch die Konzepte der Metaphysik einem geistesgeschichtlichen Wandel; der Begriff des Seins blieb ebenso wie der Rückgang auf einen göttlichen Grund aller Wirklichkeit Orientierung in der Metaphysik. Erst in der Neuzeit hat der rational geprägte Wissenschaftsbegriff das Göttliche als Seinsgrundlage verdrängt; dem rational Beweisbaren galt das Interesse.

Eine begriffliche Erklärung der Wirklichkeit erschließt einsehbare, nachvollziehbare Zusammenhänge von Gegenständen, Kräften und Bewegungen. Aber im Rückgang auf ihr Grundlegendstes finden sie keinen letzten Erklärungsgrund, wie es im Mythos der Fall war oder im späteren Rückgang auf göttliche Kräfte, wie sie unter anderem Descartes in seinem rationalen Erkenntniskonzept beschrieben hat.

In der Auseinandersetzung gibt es heute zahlreiche Hinweise auf die Grundthemen wie Gott, Sein, Freiheit und ein Verständnis von Wirklichkeit, das Wissenschaft nicht erschließen kann. Es sind vor allem zwei Aspekte, die in den metaphysischen Überlegungen auftauchen:

- der Begriff des Seins, das Grundlegendste, was allen Gegenständen zukommt, wie es zu erklären und zu verstehen ist, und
- das Göttliche als letzter Seinsgrund.

Zu beobachten ist aber auch, dass Metaphysik an den Rand philosophischer Untersuchungen gedrängt wird bis hin zur Position, dass sie an ihr Ende gelangt sei. Ob das zutrifft oder in welcher Konzeption sie heute eine Bedeutung behalten hat, wird hier untersucht.

Man könnte heute in der Wissenschaft – wie es auch geschieht – auf metaphysische Aspekte und Grundlagen einfach verzichten und sich am begrifflich Erkenn- und Machbaren orientieren. Ob damit die alten und heute noch berührenden Fragen der Metaphysik unbedeutend geworden sind, ist die Frage. Das zeigt sich in den strittigen gegenwärtigen Positionen, ob Metaphysik an ihr Ende gekommen ist oder einen Geltungsanspruch hat.

Überblick

Was ist das grundlegendste, von einer Erfahrungswissenschaft unerreichbare Wissen von der Welt, vom Sein ihrer Gegenstände und vom Sein der Menschen? Ist eine Metaphysik, die sich mit Antworten auf diese Frage befasst, an ihr Ende gelangt, wie manche Autoren meinen?

In den folgenden Abschnitten werden erst einmal die Argumente der Krise und Kritik an der Metaphysik in der heutigen Wissenschaftswelt untersucht. Es wird sich zeigen, dass für Erfolge der gegenwärtigen Wissenschaftskonzepte eine Metaphysik verzichtbar ist. Aber deutlich wird auch, dass Wissenschaft ihre Grenzen hat und nicht alle sinnlich wahrnehmbaren Phänomene erklären kann. Daraus ergibt sich eine Offenheit für ein neues Verständnis von Metaphysik.

Aus einer neuen Perspektive werden im nächsten Abschnitt die Bedingungen eines Wissens einer Metaphysik untersucht. Die Bedingungen ergeben sich aus neurowissenschaftlichen Untersuchungen einer Kommunikation des Menschen mit seiner Umwelt. Lassen sich Ergebnisse aus der Wahrnehmung, der emotionalen Bewertung und der Reflexion unterscheiden? Betrachtet werden das je eigentümliche Wissen aus diesen drei Erschießungsquellen der Umwelt und wie ihre Ergebnisse aufeinander bezogen sind.

Das Wissen aus der Wahrnehmung fällt mit dem Wissen des Seins zusammen. Wahrgenommenes kann von der Wissenschaft nur in Aspekten und nicht vollständig erschlossen werden, weil Wissenschaft das Wahrgenommene, d.h. das Sein, voraussetzt. Deshalb kann es auch keine herkömmliche Metaphysik als Wissenschaft vom Sein geben, weil sie hinter das Wahrgenommene, das Sein, nicht zurückgehen kann.

Im folgenden Abschnitt geht es um die Differenz des Wissens aus der Wahrnehmung und der Reflexion; genannt wird es hier metaphysisches Wissen, also das Wissen aus der Wahrnehmung, das einer wissenschaftlichen Erschließung verborgen bleibt.

Gezeigt wird, dass sich Metaphysisches aus subjektiver Perspektive erklären lässt wie z.B. das Sein aus einer Schöpfung. Eine subjektive Erklärung kann zwar keine Allgemeingültigkeit beanspruchen, das Subjektive ist aber für eine Orientierung der Menschen in der Welt unverzichtbar wichtig, wie am Beispiel der Moral und der Willensfreiheit erläutert wird. Als Ergebnis der Untersuchung erscheint es berechtigt, eine Metaphysik als Wissenschaft zu bestreiten; eine Metaphysik, die metaphysisches Wissen der Wahrnehmung subjektiv erklärt, ist nicht an ihr Ende gelangt.

II. Krise und Kritik der Metaphysik

Sind metaphysische Fragen nach Wissensgrundlagen, nach Sein und Seinsgrund unter den Bedingungen moderner Wissenschaftskonzeptionen überflüssig worden? Oder gibt es doch Hinweise auf Einsichten in Wissen und Wissenschaft über Gegenstände der Wirklichkeit, die zu einem neuen Verständnis von Metaphysik führen?

In der gegenwärtigen geistesgeschichtlichen Lage sei, so sagt man, Metaphysik an ihr Ende gekommen. Auf Fragen, die die Existenz des Menschen in ihrem Wesenskern betreffen, sei keine philosophische Antwort mehr möglich.[1] Ist das eine zutreffende Beschreibung der Bedeutung der Metaphysik in der Gegenwart?

In der kontroversen Auseinandersetzung, ob Metaphysik an ihr Ende gelangt sei, gibt es Argumente für ihre heutige Bedeutungslosigkeit und Argumente, die eine Metaphysik auch unter gegenwärtigen Bedingungen der Wissenschaft befürworten, wobei nicht immer klar ist, was unter Metaphysik verstanden wird.

In der geistesgeschichtlichen Entwicklung wissenschaftlicher Begriffsbildung hat es immer Annahmen als ihre Voraussetzungen gegeben und geben müssen, die Zusammenhänge erklären konnten. Die Voraussetzungen lassen sich aber metaphysische nennen, weil die Wissenschaft selbst sie nicht mehr begründen konnte wie z.B. das Kausalprinzip, von dem Hübner zeigt, dass es sich empirisch weder bestätigen, noch widerlegen lässt, weil es keine „ontologische" Aussage enthält.[2]

Die Auffassung, dass wissenschaftliche Erklärungen der Welt eine Metaphysik gerade nicht an ihr Ende drängen, vertritt Staudinger. Als Naturwissenschaftler beschreibt er einen Weg von der Physik zur Metaphysik. Er beschreibt ein Experiment, in dem Bakterien Umwelteinflüssen ausgesetzt werden, die sie nur dann überleben lassen, wenn sie sich durch Mutation den neuen Bedingungen anpassen. Dem Experimentator sei es nicht möglich, zum Überleben durch Mutation eine Aussage zu machen. Die einzelne geglückte Mutation sei Zufall. Zufall sei aus wissenschaftlicher Sicht ursachelos, nur stochastisch vorauszusagen; was Ursache ist, sei keine naturwissenschaftliche Frage, sondern eine Frage der Metaphysik.[3] Metaphysik wird hier verstanden als ein Hinweis auf Erklärungsmöglichkeiten, die über Naturwissenschaft hinausgehen. Wie eine metaphysische Erklärung aussehen könnte, bleibt offen.

Lübbe dagegen argumentiert für das Ende der Metaphysik. Er meint, dass die gegenwärtigen Wissenschaften in ihrer modernen methodischen und kulturellen Gestalt keiner Metaphysik mehr bedürfen. Eine an einer Pragmatisierung orientier-

---

1 Coriando, (2011) S. 9.

2 Hübner (1979), S. 49ff., 164ff. Solche Voraussetzungen gelten nicht nur in den Naturwissenschaften. Sehr ausführlich erläutert Hübner axiomatische Grundsätze a priori in den geschichtswissenschaftlichen Theorien.

3 Staudinger, S. 250ff.

te Wissenschaft, deren Weltbild einen konstruktiven Charakter hätte, lasse eine Metaphysik als ein philosophiegeschichtliches Relikt erscheinen.[4] Solange nur der Erfolg einer Erklärungs- und Machbarkeitsleistung der Wissenschaft das ist, was interessiert und wichtig ist, wird das „Ende" einer Metaphysik plausibel so beschrieben werden können, wobei der Begriff „Ende" ausdrückt, dass Metaphysik ihre Bedeutung verloren habe. Tatsächlich bleiben metaphysische Überlegungen heute in der Naturwissenschaft oft ohne Bedeutung. Ob eine Pragmatisierung und eine Rationalität eine Metaphysik verdrängen können, ist fraglich, denn die über Pragmatisierung hinausgehenden Fragen wie z.B. die nach dem Sein bleiben unbeantwortet.

Auch Habermas argumentiert für ein nachmetaphysisches Denken. Er nennt vier philosophische Bewegungen, in denen eine Metaphysik nicht mehr vorkommt. Es sind die analytische Philosophie, die Phänomenologie, der westliche Marxismus und der Strukturalismus, die er einem nachmetaphysischen Denken zuordnet.[5] Motive des nachmetaphysischen Denkens gehörten zu den wichtigsten Antrieben des Philosophierens im 20. Jahrhundert.[6] Es sei eine „kommunikative Vernunft", auf die er Erkenntnis und Aneignung der Welt zurückführt. Vernunft als letzte Instanz zu einer Erschließung der Welt zu wählen – stimmt das? Sind nicht ein Wissen aus der Wahrnehmung und den Emotionen ebenso bedeutend und unverzichtbar wie Vernunft? Warum Vernunft eine entscheidendere Bedeutung haben soll als ein Wissen aus der Wahrnehmung und den Emotionen, ist nicht einzusehen. Im Gegenteil ein Ökonom wie Robert Frank, ein Biologe wie Robert Trivers, ein Psychologe wie Jerome Kagan und schließlich der Neurowissenschaftler Antonio Damasio kamen zum gleichen Ergebnis: Wenn Menschen alle Gefühle abgehen, sind sie rationale Narren.[7]

Gegenwärtige neurowissenschaftliche Untersuchungen zeigen, dass es drei Zugangsweisen zu einem Wissen über die Welt gibt: das aus der Wahrnehmung, das aus den Emotionen und das aus der Reflexion sowie ihre unterschiedlichen Eigentümlichkeiten. Das dem Wahrnehmungswissen Eigentümliche ist die Herausbildung des Wahrnehmungsgegenstandes als unmittelbar präsentes Einzelnes; Wahrnehmung vermittelt eine Vielfalt ihres Gegenstandes ohne Eingrenzung auf bestimmte Aspekte. Das dem Wissen aus Emotionen Eigentümliche ist die Bewertung der Wahrnehmung, die für eine Selbsterhaltung des Individuums unverzichtbar ist. Das Eigentümliche des Reflexionswissens sind allgemein gültige Aussagen und Zusammenhänge von Aussagen über Wahrgenommenes und Emotionen; Reflexionswissen eröffnet Beziehungen zu anderem Wahrnehmungswissen, fördert gegenseitige Einflüsse zutage, erlaubt es, gezielte Zwecke zu verfolgen, und kann Zusammenhänge aufdecken, die einem Wahrnehmungs- und Emotionswissen ver-

4 Lübbe, S. 243f.
5 Habermas (2012), S. 12
6 Ders., S.16.
7 Ridley, S. 204.

borgen bleiben. Den Unterschied zwischen Wahrnehmungs- und Reflexionswissen, der dadurch entsteht, dass Wahrnehmungswissen seinen Gegenstand als Ganzes vermittelt, während sich Reflexion Aspekten zuwendet und infolgedessen nicht das Ganze des Wahrnehmungsgegenstandes erfassen kann, zeigt folgendes Beispiel: Kommt es einem Forscher bei der Untersuchung eines Gesichtes nur auf dessen physiologische Proportionen für Rassenstudien an, wird er aus dem wahrgenommenen Gesichtsausdruck nur ausgewählte Aspekte reflektieren; seine Aussagen über das Gesicht erfassen nicht die Vielfalt der Wahrnehmung dieses einzelnen Menschen. Ein Emotionswissen dagegen zeigt seine Eigenständigkeit durch seine Möglichkeit einer Bewertung von Wahrnehmungen, die von der Wahrnehmung selbst und einer Reflexion nicht geleistet werden können wie die, ob es sich z.B. um einen freundlichen oder feindlichen Ausdruck handelt. Ausführlich behandelt werden die unterschiedlichen Arten des Wissens im Kap. B.

Habermas Rückführung einer Erkenntnis und Aneignung der Welt allein auf Vernunft ist selbst eine metaphysische Annahme und kein Nachweis auf eine nachmetaphysische Philosophie. Dagegen wird Habermas` Hinweis, metaphysisches Denken nähme die Gestalt des Subjektiven an,[8] später eine Rolle spielen und näher betrachtet werden.

Eine mittlere Position nimmt in der kontroversen Diskussion Coriando ein. Sie beschreibt vier Möglichkeiten einer Selbstpositionierung zur Metaphysik:

- die schlechthin metaphysische Möglichkeit: Der Mensch kann die Wirklichkeit und ihre letzten metaphysischen Gründe erkennen und bestimmen,
- die kritisch metaphysische Möglichkeit: die Nichterkennbarkeit des Dings an sich durch Vernunft,
- die antimetaphysische Möglichkeit: Die Frage nach einem letzten Sinn erweist sich als eine unmögliche,
- Heidegger und die Wiederholung der Metaphysik: Heideggers Denken ist wesensmäßig getragen vom Gedanken einer Wiederholung des metaphysischen Anfangs.[9]

Ihr Ergebnis aus den Möglichkeiten ist: Metaphysik sei ein Grundzug in der Wesensbestimmung des Menschen, ein Urgrund menschlichen Wesens.

Sie orientiert sich an Heideggers Verhaltenheit zur Metaphysik, die weder gültig noch ein Irrtum sei; Metaphysik sei nicht aus rationalem Wissen erschließbar, sondern aus einer Stimmung, aus einem Wissen im Einklang mit der Welt, das über ein rationales hinausgeht. Coriando zeigt zwar eine Offenheit für Metaphysik, bleibt aber vage in deren Beschreibung gegenüber Wirklichkeit und Wissenschaft.

Die Frage, mit welcher Begrifflichkeit Phänomene der Natur erklärbar sind, wird meist nicht mehr als metaphysische Voraussetzung betrachtet. Rationalität genügt

---

8 Habermas, S. 39.

9 Coriando (2014), S. 158ff.

sich selbst. Es gibt Vorstellungen, in denen behauptet wird, Freiheit ließe sich auf beobachtbare neuronale Prozesse im Gehirn reduzieren; dahinter steckt die Annahme, die Naturwissenschaft könne das Phänomen der Freiheit vollständig erklären. Schockenhoff kritisiert den naturalistischen Reduktionismus; er schreibt „Tatsächlich können auch die empirischen Deutungselemente neurowissenschaftlicher Theorien nur auf dem Hintergrund einer bestimmten metaphysischen Option verstanden werden."[10]

Ist die Metaphysik deshalb an ihr Ende gelangt?

Zunächst scheint es so, weil der modernen Naturwissenschaft die Rationalität, die Zielsetzung von Machbarkeiten und die Reduzierung der Phänomene auf Begrifflichkeiten zu genügen scheint. Warum solle man noch nach allgemeinsten Grundlagen der Erkenntnis fragen, wenn z.B. in der Medizin, in der Biochemie oder der Epigenetik die experimentelle Methode „trial and error" zum Erfolg führt, wie zum Beispiel eine Erbkrankheit in den Genen zu erkennen und einer Weitervererbung abzuhelfen.

Trotz unterschiedlicher Konzeption sind die Fragen der herkömmlichen Metaphysik unbeantwortet geblieben; auch kann Naturwissenschaft nicht alle Phänomene erklären. Sie kann die Frage nach dem „Warum" eines Naturgesetzes nicht beantworten, ebenso wenig wie die Geisteswissenschaft schöpferische Prozesse begrifflich erklären kann; es bleibt eine Differenz zwischen der Faszination, eine Musik zu hören, und ihrer musikwissenschaftlichen Beschreibung. Ein Bedürfnis nach einer Erklärung der über die Erfahrungswissenschaft hinausgehenden Welt ist geblieben, wie eine Fülle von Beiträgen zur Metaphysik in der gegenwärtigen Literatur zeigt.[11]

Wenn später unterschiedliche Zugangsweisen zu einem Wissen über die Welt behandelt werden, lässt sich klären, wie so eine metaphysische Wesensbestimmung des Menschen verstanden werden kann.

Im folgenden Abschnitt wird eine Kritik der Wissenschaft einen Weg zu neuem Verständnis und zum Entwurf metaphysischer Erklärung eröffnen und zeigen, dass moderne Wissenschaft eine Metaphysik nicht verdrängt, sondern als unverzichtbare Erklärung ergänzt.

---

10 Schockenhoff, S. 168.

11 In den Beiträgen Coriando (2014) wird ein Bedürfnis nach metaphysischen Erklärungen deutlich.

B. Bedingungen des Wissens und Metaphysik

I. Wissen aus der Wahrnehmung

Auf der Suche nach einem begründeten Wissen über die Welt gibt es seit dem Altertum zwei immer wieder diskutiere Fragen:

- die Frage nach der Beziehung zwischen Einzelnem – das aus der Wahrnehmung – und dem Allgemeinen aus Begriffen und
- die Frage nach dem grundlegendsten Wissen von der Welt, ein Wissen, das nicht mehr aus der Wahrnehmung erschlossen werden kann.

In der ersten Frage geht es um ein Wissen von der Welt, wie es sich erkennen und begründen lässt. Erkenntnistheorien, wie Einzelnes in seiner Vielfalt und Wiederholungen von Begriffen und Theorien so erfasst werden kann, dass es zu begründeter Erkenntnis führt. Zur Lösung der Wechselbeziehung sind im Laufe der Zeit viele Lösungskonzepte entworfen worden, einschließlich zur Lösung der „metaphysischen“ Frage nach einem grundlegendsten Wissen. Im Universalienstreit, aber auch in den wichtigsten Konzeptionen der Neuzeit, den Erkenntnistheorien der Rationalisten, der Empiristen und der Konstruktivisten, ist das Wahrgenommene, das Einzelne mit dem Ergebnis aus der Reflexion zu einer Aussage verschmolzen. Wahrgenommener Gegenstand und Ergebnisse aus einer Reflexion lassen sich in diesen Theorien mit dem Bild einer Skulptur beschreiben: Wahrgenommener Rohling und die Herausformung des Bildhauers verschmelzen zu einer Skulptur. So trat eine Spannung zwischen Sein aus der Wahrnehmung und Wissen aus der Reflexion nicht mehr auf; die Frage nach dem Grundlegendsten in der Beziehung zwischen Sein und Wissen blieb aber im Hintergrund aktuell, wie später aus den Überlegungen der Naturwissenschaftler hervorgeht.

Die zweite Frage ist, ob das Wissen auf ein grundlegendstes Wissen jenseits sinnlicher Erfahrung zurückgeführt werden kann. Als grundlegendstes Wissen galt u.a. das Sein, weil es allen Gegenständen der Welt zukommt. Diskutiert wurde die Wechselbeziehung zwischen Sein und Wissen[1] als Ausdruck der metaphysischen Erkenntnismöglichkeit, einschließlich der Frage, ob Metaphysik zu einer Wissenschaft gerechnet werden kann. Erst in jüngster Zeit schien die „metaphysische“ Frage überflüssig geworden zu sein, aber stimmt das?

Die folgende Untersuchung zur Metaphysik stützt sich nicht nur auf ein Wissen aus der Reflexion, sondern auch auf ein Wissen von der Welt aus der Wahrnehmung. Erforderlich ist, zu klären, warum es gerechtfertigt erscheint, Wahrgenommenes als Wissen zu bezeichnen und den Unterschied zu einem Wissen aus der Reflexion und der Wissenschaft zu begründen. Aus einer Anerkennung der Wahrnehmung als Wissen ergibt sich eine neue Sichtweise auf Metaphysik und eine Antwort auf die Frage, ob es eine Wissenschaft ist.

---

1 Wolf, S. 12.

Die neue Sichtweise auf die Möglichkeit einer Metaphysik folgt Ergebnissen der Neurowissenschaften. Sie ermöglichen es, drei Zugangsweisen zu einem Wissen über die Welt zu unterscheiden, nämlich Wissen aus der Wahrnehmung, aus der Reflexion und aus den Emotionen. Alle drei Arten werden hier betrachtet, weil Wissen aus der Wahrnehmung Grundlage allen Wissens ist, also auch einer Metaphysik. Reflexionswissen wird untersucht, weil aus ihm Wissenschaft hervorgeht und damit eine Antwort auf die Frage, ob Metaphysik durch Reflexion und als Wissenschaft erschließbar ist. Ein Wissen aus den Emotionen spielt eine Rolle für die Bedeutung subjektiven Wissens, das zur Erklärung des Metaphysischen unverzichtbar ist, wie im Folgenden (Abschn. C.IV) gezeigt wird.

Wahrnehmung als Tätigkeit und Ergebnis sinnlicher Erfahrung hat immer eine wesentliche Rolle in den Erkenntnistheorien gespielt, wobei aber das Gewicht ihres Beitrages für eine Erkenntnis sehr unterschiedlich beurteilt wurde; das galt, solange sie nicht als eigenständige Quelle des Wissens anerkannt war und ihre Ergebnisse nur als Beitrag zu einem Wissen betrachtet wurden, das zugleich andere Erkenntnisvermögen in Anspruch nehmen musste. [2] Als solcher Beitrag zu einem Wissen schwankt ihre Bewertung zwischen einer Instanz der Rechtfertigung von Aussagen über die Welt – so die Empiristen – bis hin zu einer Unterordnung unter den Vorrang eines rationalen Denkens bei den Rationalisten, die eine mit Mängeln behaftete und zu Irrtümern führende Wahrnehmung kritisieren. Sie trauten einer Welt aus den Sinnesdaten keine Gewissheit zu; sie strebten nach einem Wissen von der Welt aus erfahrungsunabhängigen Prinzipien, bei dem die Wahrnehmung eine dienende Rolle einnahm. Hobbes` Gewissheitsanspruch ließ keinen Raum für eine eigenständige Wahrnehmungswelt. Sinnliche Wahrnehmung liefere Phantasmen, erst ein gedanklicher Akt führe zur Erkenntnis. Erkenntnis der Natur sei ein Verstandesprodukt mit der daraus gefolgerten Vorstellung: „Die Natur ist des Irrtums unfähig"[3]. Auch Descartes verfolgte durch seine Methode des Zweifels ein Wissen über die Welt aus rationaler Einsicht; nur diese könne Gewissheit beanspruchen.[4]

Wahrnehmungen eines Subjektes aus Kommunikationsprozessen mit seiner Umwelt sind seit Mitte des 20. Jahrhunderts von den Neurowissenschaften erforscht und philosophisch behandelt worden. Betrachtet werden zunächst die Prozesse der Wahrnehmung. Deutlich wird aus ihnen, dass die Reize der Umwelt eine für die Wahrnehmung bestimmende Rolle spielen, aber auch dass ein Subjekt keine Außenwelt abbildet, sondern seine subjektiven Ergebnisse über seine Umwelt herausbildet. Klar wird auch, dass die Prozesse für die unterschiedlichen Arten der

---

2 Zum Begriff der Wahrnehmung: Kant (1981, B 74, 75) spricht von Anschauung, womit er die Fähigkeit meint, Vorstellungen durch Sinnlichkeit zu empfangen, die aber dann erst mit Hilfe des Verstandes auf den Begriff gebracht werden muss. Strawson (S. 51 f.) hebt die Wahrnehmung in den Rang einer prägenden Möglichkeit des Wissens durch ein Subjekt; er unterscheidet dabei Wahrnehmung phänomenaler Eigenschaften von einer Wahrnehmung durch Theorie.

3 Hobbes, S. 26.

4 Descartes, Zweite Meditation.

Wahrnehmung nicht nur durch die Reizaufnahme der verschiedenen Sinnesorgane, sondern auch durch ihnen eigentümliche neuronale Prozesse an verschiedenen Gehirnorten unterscheidbar werden. Für das Wahrnehmungsgeschehen sind drei Aspekte bestimmend: die Reizaufnahme und Reizverarbeitung durch die Sinnesorgane, die daraus entstehenden neuronalen Prozesse und die Verarbeitung der Signale an bestimmten Hirnorten.

Die Sinnesorgane nehmen die Reize der Außenwelt auf und verarbeiten ihre unterschiedlichen Energieformen; sie wandeln sie um in Signale einer bioelektrischen Sprache des Gehirns. In neuronalen Prozessen, die die Vorgänge in den Neuronen beschreiben, werden die bioelektrischen Signale weitergeleitet an die den Signalen entsprechenden funktionalen Areale des Gehirns zur Verarbeitung der sensorischen Informationen. Bisher bekannte funktionale Areale in dieser topographischen Ordnung sind: der visuelle Cortex, der auditorische Cortex, ein Areal für Sprachfunktionen, ein Areal für kognitives Verhalten und Bewegungsplanung sowie ein Areal für Gefühle und Gedächtnis im limbischen Cortex.[5] Dieses Prinzip des Verarbeitungsortes ist verhältnismäßig gut erforscht; dagegen sind die sehr komplexen Prozesse, die in den verschalteten Hirnbereichen während geistiger Prozesse stattfinden, weniger gut bekannt.[6]

Ungeklärt ist bisher, wie es aus einem neuronalen Prozessgeschehen zu Bedeutungen kommt, wieso aus bestimmten neuronalen Prozessen eine vom Subjekt hervorgebrachte Bedeutung wie z. B. „rot“ entsteht. Dieser ungeklärte Übergang kann hier außer Acht gelassen werden, da es auf den Zusammenhang von differenzierten Reizen und ihnen entsprechenden differenzierten Verarbeitungsergebnissen ankommt wie auf den Nachweis, dass Reize eine notwendige Bedingung für Wahrnehmung sind. Wahrnehmung lässt sich nicht auf die neuronale Verarbeitung reduzieren, aber ohne neuronale Verarbeitung findet keine Wahrnehmung statt.[7]

Wahrnehmung bildet nicht die Umweltereignisse ab, sondern sie ist ein subjektives Konstruktionsergebnis. Sie ist ein schöpferischer Prozess eines Individuums, das Informationen aus der Umwelt verarbeitet.[8] Für die Konstruktion des Wahrgenommenen aus so einem schöpferischen Prozess sind das individuelle Vermögen sowie die Einflüsse aus den Umweltreizen bestimmend.

Wahrnehmen ist ein subjektives Wissen. Inwiefern Subjektives zur Grundlage allgemeingültigen Wissens aus der Wissenschaft werden kann, wird später erläutert.

Aus den neuronalen Wahrnehmungsprozessen gehen noch keine Bedeutungen hervor. Ergebnisse aus den Neurowissenschaften allein können kein Wissen begründen, weil ein Übergang von Hirnprozessen zu Bedeutungen ungeklärt ist. Die

---

5 Vgl. Kandel/Schwartz (1996), S. 15 und S. 399: Dort findet sich eine sehr ausführliche Darstellung der Areale, die für das Sehen zuständig sind.

6 Die verkürzt beschriebenen Wahrnehmungsprozesse sind ausführlich dargestellt in: Kolster (2011), S. 17ff.

7 Kolster (2003), S. 53.

8 Roth (1997), S. 125.

Neurowissenschaften können aber die notwendigen Bedingungen deutlich machen, die eine Unterscheidung zu den beiden anderen Arten des Wissens, dem aus den Emotionen und dem der Reflexion, über die Umwelt ermöglichen. Ein Wissen aus den Emotionen wird später behandelt; zunächst geht es vor allem um die Unterscheidung zwischen dem Wissen aus der Wahrnehmung und der Reflexion.

II. Wissen aus der Reflexion

Zu unseren Vermögen, die Umwelt zu erschließen, gehört neben der Wahrnehmung und den Emotionen die Reflexion, eine Leistung des Verstandes und der Vernunft. Obgleich es Unterschiede zwischen Verstand und Vernunft geben mag wie z. B. der Verstand, der eine Einsicht aus Gründen erschließt und Vernunft eine Einsicht in Sinngehalte, wird hier auf eine Unterscheidung verzichtet, weil es um Reflexion geht, an der Verstand und Vernunft beteiligt sein können.

Aus historischer Sicht wurden mit dem Begriff Reflexion bis in die Gegenwart hinein zwei unterschiedliche Inhalte verbunden: Einmal ist es ein Rückgang auf die menschliche Geistestätigkeit hinsichtlich einer gesicherten Erkenntnis und das andere Mal ist es die nachdenkende Betrachtung eines Erfahrungsgegenstandes. Da es hier um das Wissen eines Menschen über seine Umwelt geht, wird Reflexion als nachdenkende Betrachtung eines Wahrnehmungsgegenstandes verstanden.

Aus den neurowissenschaftlichen Ergebnissen der Untersuchung einer Kommunikation des Menschen mit seiner Umwelt gehen unterscheidbare Prozesse eines Wissens aus der Reflexion hervor. Es geht um ein forschendes Wissen, das gekennzeichnet ist durch eine Unterscheidung von Einzelnem aus der Erfahrung und Allgemeinem aus der Abstrahierung vom Einzelnen. Reflexion geht auf ein Wahrnehmungswissen zurück. Reflexion ohne ein vorausgesetztes Wahrnehmungswissen ist undenkbar, wobei selbst in Begriffen ausgedrückte Ideen leer blieben, wenn sie nichts an Wahrnehmungswissen enthielten.[1] Auf der Grundlage dieser Überlegungen wird Reflexion beschrieben als nachdenkende Betrachtung eines Gegenstandes aus der Wahrnehmung. Wissen aus der Wahrnehmung präsentiert seinen Gegenstand in einer Vielfalt im Unterschied zu einem Wissen aus der Reflexion, das Zusammenhänge erschließt, die einer Wahrnehmung verborgen bleiben.

In der Reflexion tritt Einzelnes und Allgemeines auf. Sie ist auf Erkenntnis gerichtet, orientiert an einer Frage über den Gegenstand. Es kann die Frage nach einem „was", einem „wie", nach einer Eigenschaft oder einer Zugehörigkeit zu einem Allgemeinen sein. Jede solcher Fragen orientiert sich an einem Gewussten wie sich z.B. die Frage „Was ist Gerechtigkeit?" an einem Gewussten aus einer Verteilung oder einer Ordnung orientiert sowie die Frage „Wie ernährt sich die Pflanze?" an gewussten Nährstoffen. Die Frage nach einer Eigenschaft setzt diese als gewusst voraus, ebenso die Frage nach einem Allgemeinen wie z.B.: „Ist dieser Gegenstand ein Metall?". In allen Fällen stützt sich Reflexion auf Wahrgenommenes oder Emotionen sowohl in Bezug auf das Einzelne wie auch auf das Allgemeine. Auch die Rechtfertigung des Ergebnisses aus der Reflexion bedarf des Wahrgenommen. Sprachlich ausgedrückt, zielt Reflexion auf ein Prädikat. Das Prädikat kann ein Sin-

---

1 *Damasio* (1997, S. 152ff.) verweist darauf, dass Denken oft in Bildern erfolgt.

guläres sein wie ein bestimmter Gegenstand oder ein Allgemeines, das einer Vielheit von Gegenständen zukommt. Ein Singuläres, wie einen bestimmten Menschen zu erkennen, ist zwar auch ein Erkenntnisgewinn, die Beziehung auf ein Allgemeines eröffnet dagegen einen Erkenntnisgewinn aus sehr unterschiedlichen Perspektiven wie z.B. einen Kreis aus einer Schrägsicht.

Während ein Wissen aus der Wahrnehmung und aus den Emotionen unmittelbar präsent ist, distanziert sich ein Subjekt durch eine Reflexion von dem Vorwissen. Erst eine Distanzierung ermöglicht eine Befragung des Gegenstandes aus dem Vorwissen bzw. dessen Betrachtung unter bestimmten Hinsichten. Eine Distanzierung von Handlungsorientierungen aus emotionaler Bewertung erlaubt, abzuwägen, welcher der Möglichkeiten man folgen möchte. Einzelheiten dazu finden sich im Abschn. C.

Das zentrale Kriterium für ein Wissen aus der Reflexion und Gegenstand strittiger Auseinandersetzungen ist die Begründung der Ergebnisse. Reflexionsergebnisse gehen auf ein Urteil zurück, das wahr oder falsch sein kann und einer Rechtfertigung bedarf. Da sich gezeigt hatte, dass sich Reflexionsresultate auf Ergebnisse aus der Kommunikation eines Menschen mit seiner Umwelt beziehen, wird deutlich, dass die Rechtfertigungen der Reflexionsergebnisse auf Wahrnehmung verweist.

Aus einer Reflexion kann entweder das Wissen von einem Einzelnen hervorgehen wie in den Geisteswissenschaften bei der Frage nach den Ursachen eines bestimmten Ereignisses oder Reflexion, abstrahiert von dem einzelnen Gegenstand, fragt nach allgemein gültigen Aussagen, die auf mehrere Einzelgegenstände zutreffen und die Voraussagen erlauben wie in den Naturwissenschaften. Beide Betrachtungen fragen nach Erklärungen und nach Beziehungen zu anderen Wahrnehmungsgegenständen; dabei kann es ein Ziel sein, Wahrnehmungswissen zusammenzuordnen, zu zerlegen, zu präparieren, Zwecken zu unterwerfen oder Einzelnes auf seine Wiederholbarkeit in der Wahrnehmung zu prüfen. Die Reflexion bringt einer Wahrnehmung unzugängliche Erkenntnisse hervor, die sich in Begriffen, Aussagen und Theorien oder in einer Geschichte, die erzählt wird, zeigen. Eine systematische Betrachtung der Reflexion nach bestimmten Kriterien findet sich in den Wissenschaften, die später behandelt werden. Ihr wichtigstes Kriterium verlangt eine Begründung des Wissens, ob empirisch oder unter Verweis auf anderes Wissen wie in den Geisteswissenschaften[2].

Reflexionswissen kann selbst zum Gegenstand einer Reflexion werden, um z. B. ihre Ergebnisse in größere Zusammenhänge einzuordnen oder um nach einer gemeinsamen Erklärung zu suchen wie z. B. zwischen Himmelskörperbewegungen und ihrer Massenanziehung. Es können aber auch umgekehrt zwei allgemeine Aussagen aus Gründen ihrer Unvereinbarkeit zu Reflexionen führen, die nach ih-

2 Anstelle des Begriffs der Geisteswissenschaften findet sich heute oft der Begriff Kulturwissenschaften, entstanden aus einer Erweiterung der ursprünglichen Geisteswissenschaften um neue Bereiche wie Politische Ökonomie, Politikwissenschaft und Soziologie.

rer Verträglichkeit miteinander suchen wie z. B. in der Quantenphysik die Diskrepanz zwischen der empirischen Unbestimmtheit eines Quantenzustands und einer empirisch strukturierten wahrgenommenen Wirklichkeit. Eine Reflexion eines Reflexionswissens, die nach dessen Rechtfertigung überhaupt fragt, findet sich in der Wissenschaftstheorie: Wenn man von dem Wissen einer bestimmten historischen Situation abstrahierend fragt, wie man Geschichte wissen kann und wie dieses Wissen zu rechtfertigen ist, entstehen aus solchen Reflexionen erkenntnistheoretische Überlegungen zur Geschichtswissenschaft. Hierher gehören auch Fragen, die entstehen, wenn Denken sich selbst zum Gegenstand des Denkens macht und nach seinen Gesetzmäßigkeiten fragt. Weil sich Reflexion auf einen Gegenstand bezieht, der aus der Wahrnehmung, aus einer Emotion oder aus der Reflexion selbst hervorgeht, finden sich in ihren Ergebnissen Einflüsse aus den Reizen der Umwelt.

Begriffe bedürfen einer Anschauung, um einen Inhalt vermitteln zu können. Einleuchtend zeigt Kant in seiner Herleitung der synthetischen Urteile apriori diese notwendige Verknüpfung eines Begriffes mit der Anschauung; anderenfalls würde der Begriff leer bleiben. Anschauung ist dabei der Teil, der nicht aus dem Begriff analytisch hergeleitet werden kann, sondern der aus der Sinnlichkeit – der Fähigkeit, Vorstellungen von den Gegenständen zu bekommen – hinzukommen muss.[3] Das, was Kant Sinnlichkeit nannte, ist in der hier verwendeten Beschreibung eines Wahrnehmungswissens enthalten. Die in dieser Untersuchung auf die Neurowissenschaften gestützte Beschreibung der Wahrnehmung macht keinen Unterschied zwischen Sinnlichkeit und Anschauung erforderlich, weil ein Wissen aus beiden Begriffen auf Wahrgenommenes zurückgeht, um das es hier geht. Patzig meint, dass man bei der Begriffsbildung nicht auf die Kenntnis von Erfahrungsgegenständen angewiesen sei, wie folgendes Beispiel eines Begriffes zeige: Die durchschnittliche Familie hat 1,8 Kinder.[4] Allerdings bedarf es aber auch für diesen Begriff einer Wahrnehmungsgrundlage, nämlich der, was der Ausdruck 1,8 vermittelt.

Ein Reflexionswissen kann weder die Einheit der Wahrnehmung, noch ihre Vollständigkeit, entsprechend den Reizen der Umwelt, erfassen, aus denen sie entsteht. Was aus unterschiedlichen Modalitäten und aus vielen unterschiedlichen Reizquellen zu einer Vielfalt und Einheit eines Wahrnehmungswissen im Gehirn herausgebildet wird, führt in einer Reflexion zu einem partiellen Wissen des Ganzen, weil sie nur einen Aspekt hervorhebt, während die Wissensergebnisse aus den weiteren Quellen vernachlässigt werden. Kommt es einem Forscher bei der Untersuchung eines Gesichtes nur auf dessen physiologische Proportionen für Rassenstudien an, wird er emotionales Wissen des Gesichtsausdrucks unberücksichtigt lassen und deshalb dieses besondere Gesicht nur unvollständig erkennen. Wahrnehmungswissen ist unverzichtbare Voraussetzung eines wissenschaftlichen Wissens. Da aber wissenschaftliches Wissen aufgrund seines Reflexionscharakters nur

---

3 Kant (1981), B16-17.
4 Patzig (2000), S. 13.

Ausschnitte erfasst, vermitteln beide Arten, bezogen auf einen Gegenstand, unterschiedliches Wissen, wobei das Wahrnehmungswissen reichhaltiger ist und das Reflexionswissen eine größere Erklärungskraft besitzt.

Einzelnes und Allgemeines

Das Allgemeine bedarf im Unterschied zum Wahrgenommenen einer Denkleistung, die aber ohne Wahrnehmungsgehalt leer wäre, weil das Allgemeine eben deshalb ein Allgemeines ist, das einer Vielheit von Besonderem zukommt. Das Besondere ist aber nicht nur unverzichtbar für ein Allgemeines, sondern enthält das Wahrgenommene, ohne das es kein Besonderes geben könnte. Dabei ist eine seit dem Altertum immer wieder untersuchte Frage: Kommt Allgemeinem und Einzelnem ein eigenes Sein zu wie z.B. in der plantonischen Ideenlehre oder sind Einzelnes und Allgemeines so miteinander verwoben, dass sie sich nur in ihrer Gegenseitigkeit verwirklichen können? Es hat zur Beantwortung viele sehr unterschiedliche Konzeptionen gegeben. Aus der Sicht der Beziehung des Menschen zu seiner Umwelt lässt sich mindestens so viel sagen: Der sprachliche Ausdruck des Allgemeinen bedarf immer eines Wahrnehmungsgehaltes, sonst bliebe er leer. Insofern lässt sich das Sein – das Wahrgenommene – nicht vom Reflexionsergebnis – dem Allgemeinen – trennen und das Allgemeine kein eigenständiges Sein bilden.

Merkmale ihrer Eigenständigkeit

Anders als bei Kant ist die Sinnenwelt Grundlage der Erkenntnis; das Wahrgenommene ist das „Ding", Verstand und Vernunft erschließen Aspekte. Ergebnisse aus der Wahrnehmung und Ergebnisse der Reflexion bilden ein je eigenständiges Wissen. Dann tritt an die Stelle ihrer Verschmelzung eine Beziehung, die sich als notwendige Bedingung beschreiben lässt. Aus der jeweiligen Eigenständigkeit ergibt sich, dass das Reflexionsergebnis nicht der Gegenstand selber ist, sondern ein Aspekt, der sich in Bezug auf seinen Gegenstand bewerten lässt.

Das Wahrnehmungs- und das Reflexionswissen ergänzen sich hinsichtlich ihres Eigentümlichen, das sie vermitteln. Wahrnehmungswissen eröffnet eine Vielfalt von Merkmalen des Wahrnehmungsgegenstandes. Das Reflexionswissen hebt Aspekte bezüglich des Wahrgenommen hervor, stellt Zusammenhänge mit anderem Wahrgenommen her und führt zu einem entsprechend der Fragestellung aspekthaften Wissen über das Wahrgenommene.

Das dem Wahrnehmungswissen Eigentümliche ist die Herausbildung des Wahrnehmungsgegenstandes als unmittelbar präsentes Einzelnes; Wahrnehmung vermittelt eine Vielfalt ihres Gegenstandes ohne Eingrenzung auf bestimmte Aspekte. Das Eigentümliche des Reflexionswissens sind allgemein gültige Aussagen und Zusammenhänge von Aussagen über Wahrgenommenes und Emotionen. Reflexionswissen eröffnet Beziehungen zu anderem Wahrnehmungswissen, fördert gegenseitige Einflüsse zutage, erlaubt es, gezielte Zwecke zu verfolgen, und kann Zusammenhänge aufdecken, die einem Wahrnehmungswissen verborgen bleiben. Der Unterschied zwischen Wahrnehmungs- und Reflexionswissen, der entsteht dadurch, dass Wahrnehmungswissen seinen Gegenstand als Ganzes vermittelt, während sich Reflexion Aspekten zuwendet und infolgedessen nicht das Ganze des Wahrnehmungsgegenstandes erfassen kann. Die Bedeutung des Wahrnehmungswissens unter den drei Arten wird im Folgenden behandelt.

III. Was heißt Wissen?

Historisches und Kritisches zur Beschreibung von Wissen

Die Frage, ob aus den Ergebnissen von Wahrnehmungen und Emotionen ein Wissen über die Umwelt entsteht, wird jetzt untersucht. Sie zu beantworten, ist wichtig, um die Ergebnisse aus Wahrnehmung und Emotionen mit denen aus der Wissenschaft vergleichen zu können.

Aus philosophiegeschichtlicher Perspektive zeigt sich, dass in früheren Entwürfen Wissen von Wahrnehmung unterschieden und Wahrnehmung ein wichtiger Beitrag zur Erkenntnis zugestanden wurde, dass sie aber dem Wissen untergeordnet blieb. Strittig blieb in dem Verständnis von Wissen, ob z.B. Subjektives des Betrachters in das Wissen über einen Gegenstand einbezogen wird oder nicht. Vorherrschend ist bis in die Gegenwart eine Tendenz, nach der ein Beobachter von sich selbst und dem Akt der Beobachtung absieht und nur die Dinge um sich herum betrachtet. Schrödinger hat Ende des 20. Jahrhunderts in einer kritischen Betrachtung dieser Entwicklung zur Objektivierung geschrieben: Wir schließen das „Subjekt der Erkenntnis aus dem Bereich dessen, was wir an der Natur verstehen wollen, aus. Wir treten mit unserer Person zurück in die Rolle des Zuschauers, der nicht zur Welt gehört, welch letztere eben dadurch zu einer objektiven Welt wird."[1] Wo das geschieht, bleibt das wahrnehmende, denkende und fühlende Ich ausgeschlossen; es kann nicht thematisiert werden, weil man meinte, dass es nicht objektivierbar sei. Deshalb blieb unberücksichtigt, was zu einer Natur hinzugehört wie Erleben, Mitgefühl und alles, was eine Bedeutung in Bezug auf das anschauende, wahrnehmende und fühlende Wesen hat; dazu gehören auch sittliche und ästhetische Werte.[2] Schrödinger hat diesen Reduktionismus dadurch zu überwinden versucht, dass er darauf hinwies, dass es nicht nur auf Wahrnehmungselemente und Denkinhalte ankäme, sondern auch auf den Wahrnehmenden und Denkenden.

Obgleich Schrödinger auf die Bedeutung des Subjekts in dem Erkenntnisprozess hingewiesen hat, folgten keine nachhaltigen Veränderungen in der Beschreibung eines Wissens. Keine Rolle spielen bisher Merkmale des Subjektes, die einzelne Situation, in der Wissen herausgebildet wird, und das Emotionale, weil sie den Ansprüchen an das Wissen wie die allgemeine Geltung seiner Begriffe und Aussagen, seine Rechtfertigung aus Gründen und ein Bedürfnis nach Wahrheit und Gewissheit vermeintlich nicht genügten. [3]

---

1 Schrödinger (1989), S. 58; Kather (S. 258) behandelt das Problem der Objektivierung als Methode der Physik aus historischer Perspektive.

2 Ebd. S. 96 u. S. 60.

3 Krobath (S. 201f. u. S. 221ff.) referiert sehr ausführlich die Diskussionen um einen Wissensbegriff. Wissen, verstanden als gerechtfertigte (mit Gewissheit verbundene) wahre

Diese Vorstellung von Wissen zeigt sich in einer jüngsten Debatte, in der es um die Frage ging: Lässt sich Wissen definieren? Gestritten wurde über die Konzeption von Wissen als „wahre, gerechtfertigte Überzeugung"[4]. Beckermann kritisiert an dem Konzept, dass in der Definition die Bedingungen Wahrheit und Rechtfertigung gemeinsam verwendet würden. Wahrheit als Ziel und Rechtfertigung als Mittel seien in einer Definition miteinander unverträglich. Als Folge der Kritik schlägt Beckermann vor, auf den Wissensbegriff überhaupt zu verzichten und nur von wahrer Meinung bzw. von gerechtfertigter Meinung zu sprechen.[5]

Grundmann hat dagegen eingewandt, dass Wissen sehr wohl als ein kohärenter Grundbegriff der Erkenntnistheorie zu retten sei und argumentiert: Wissen könne man als nicht-zufällige wahre Meinung beschreiben; eine Rechtfertigung findet sich in dieser Definition nicht mehr. Auf diese Weise ließe sich Wissen als präzisere Formulierung des epistemischen Ziels der Wahrheit verstehen.[6] Auch Hofmann argumentiert für einen Platz des Wissens in der Erkenntnistheorie. Er verweist darauf, dass die Wahrheit garantierende Methode und Wahrheit in einem engen Zusammenhang stünden. Dieser erlaube nicht den Hybridvorwurf, wie ihn Beckermann äußert.[7]

Und Williamsen lehnt eine Begriffsanalyse des Wissens überhaupt ab, weil er Wissen als grundlegender annimmt als die Merkmale Überzeugung und Wahrheit, die nicht ausreichten.[8]

Weder überzeugt der Vorschlag auf den Wissensbegriff zu verzichten, weil er in unserem Sprachgebrauch verwendet wird und in der Wissenschaft enthalten ist, noch überzeugt der Einwand, auf eine Begriffsanalyse zu verzichten, solange nicht klar ist, welche Kriterien für Wissen gelten, um einer beliebigen Verwendung zu entgehen. Am ehesten überzeugt eine Ausweitung des Wissensbegriffs auf nicht propositionale Wissensformen wie z. B. auf praktisches Wissen durch Einbeziehung von körperlichen und situativen Bedingungen. Die Ausweitung erscheint sinnvoll; es bleibt aber vage, wie Wissen zustande kommt und was als Wissens gelten soll.[9]

Die erwähnten kritischen Argumente zur Definition des Wissensbegriffs sind ein Beispiel, in welche Konflikte eine Wissenschaft – hier die Philosophie – gerät,

---

Überzeugung, forderte eine Kritik am Merkmal der Gewissheit heraus. An der umfangreichen und sorgfältig referierten Auseinandersetzung, vor allem über eine sichere Begründung des Wissens, fällt auf, dass sich „Wissen" durch Reflexionen nicht vollständig umfassend beschreiben lässt. Das mag daran liegen, dass Reflexionen Aspekte betrachten und nicht in der Lage sind, „Wissen" als wahrnehmbares Phänomen in seiner Vollständigkeit zu erfassen.

4 Jung, S. 1.
5 Beckermann (2001).
6 Grundmann (2002).
7 Hofmann (2002).
8 Williamson (2000).
9 Jung, S. 9 f.

wenn „Wissen" als ein Gegenstand der Wahrnehmung, über den wir reflektieren, auf wissenschaftliche Kriterien reduziert werden soll. Wissen lässt sich wahrnehmen durch die sinnliche Erfassung seiner sprachlichen und praktischen Verwendung, in seinem lebensweltlichen Gebrauch, ebenso wie Hinweise auf nichtbegriffliches Wissen. Sie bezeichnen, was in Anschauung und Erfahrung außerhalb der Verweisungsfähigkeit von Begriffen bleibt.[10] Ebenso wird eine Möglichkeit des Wissens aus Mythos und Religion in der gegenwärtigen Auseinandersetzung nicht diskutiert, obgleich Hübner gezeigt hat, dass der Mythos eine der Wissenschaft vergleichbare Erklärung der Phänomene leistete.[11]

Das Interessante an der strittigen Diskussion ist, dass die Wahrnehmung, auf die sich alles Wissen beruft, keine zentrale Rolle spielt. Sie wird zwar erwähnt, aber ohne ihr einen elementaren Beitrag zur Beschreibung des Wissens einzuräumen. Welcher Rang kommt aber der Wahrnehmung in einer Erkenntnistheorie zu? Wenn sie als ein eigenständiges Wissen und als Fundament allen Wissens erwiesen werden kann, müssen die strittigen Definitionsentwürfe überdacht werden.

Wissen als Ergebnis aus der Kommunikation des Menschen mit der Umwelt

Hier wird eine neue Möglichkeit dargestellt, Wissen zu charakterisieren und zwar in Bezug auf die Umwelt des Subjektes. In den bisherigen Kritiken wurde Wissen abstrahiert von der Umwelt betrachtet, jetzt dagegen als Ergebnis einer Verarbeitung der Umweltreize, wie es für die Wahrnehmung und die Emotionen dargestellt wurde. Wissen ist eingebettet in eine Beziehung des Subjektes zu seiner Umwelt. Wissen für sich betrachtet, abstrahiert von der Einbettung, vom Subjekt, von der Umwelt und ihrer Beziehung. Die Frage ist, ob Wissen ohne Berücksichtigung seiner Einbettung nicht zu einer Verengung führt und die Offenheit zu neuen Konzepten verloren geht.

Die beschriebene Einbettung ist nicht zu verwechseln mit dem Embodiment Konzept, das in den Kognitionswissenschaften eine Rolle spielt. Nach dieser Denkrichtung ist alles Geistige nur zu verstehen, wenn man es als Produkt einer Wechselbeziehung zwischen Körper und Umwelt sieht. Vorausgesetzt wird die traditionelle Vorstellung einer Trennung von Körper und Geist. Die Trennung überzeugt nicht mehr, seit dem die Neurowissenschaften zeigen, dass jede körperliche Bewegung und jede sinnliche Wahrnehmung auch eines mentalen Prozesses bedürfen. In der Vorstellung einer Einbettung des Wissens in die Subjekt-Umwelt-Beziehung wird die Trennung von Körper und Geist aufgehoben, weil der Mensch die Reize der Umwelt körperlich unter Mitwirkung des Geistigen verarbeitet und Wissen hervorbringt.

---

10 Adams, S. 116.
11 Hübner (1985), S. 239 ff.

Der Vorteil einer Betrachtung des Wissens aus einer Einbettung in die Beziehung des Subjekts in seine Umwelt ist, die Herausbildung des Wissens als Prozess und die Bedingungen sichtbar zu machen. Es ist ein Wissensbegriff, der in den Kognitionswissenschaften und in den Neurowissenschaften verwendet wird, weil Wissen aus einem Prozess hervorgeht, ähnlich wie in den unterschiedlichen Ausprägungen der konstruktivistischen Erkenntnistheorien. Für die Betrachtung eines Wissens als Ergebnis aus einem Prozess sind Erkenntnisse aus den Neurowissenschaften geeignet. Es sind neurobiologischen Prozesse, die in der Kommunikation eines Subjekts mit der Umwelt beobachtet werden können und die Merkmale unterschiedlicher Möglichkeiten erkennen lassen.

Zu ihnen gehören die Gegenstände, aus neurowissenschaftlicher Perspektive sind es die Reize der Umwelt, die einem Wissen vorausgehen ebenso wie das Subjekt mit den Möglichkeiten des Wissens durch seine Ausstattung. Ein anderer wesentlicher Vorzug ist, dass ein Wissen seinen Gegenstand nicht verdrängen oder vereinnahmen kann; Wissen kann sich nicht verselbständigen, es bleibt zurückgebunden an seinen Gegenstand. Aus der Perspektive der Einbettung wird Wissen zu einem erweiterten Konzept, das verschiedene Abstufungen ermöglicht wie Wissen des Einzelnen aus der Wahrnehmung und eines Allgemeinen aus der Reflexion. Die unterschiedlichen Möglichkeiten lassen sich durch je eigentümliche Merkmale kennzeichnen.

Wissen wird verstanden als das Ergebnis eines Kommunikationsprozesses eines Subjekts mit seiner Umwelt. Maturana nennt Wissen „fähig sein, in einer individuellen oder sozialen Situation adäquat zu operieren."[12] Wissen ist lebensnotwendig, weil es für das Leben und Überleben eines Subjekts in der Welt unverzichtbar ist: zur Bewältigung von Gefahren, zur Sicherung von Lebensgrundlagen und zur Gestaltung einer lebensschützenden Ordnung. Das Subjekt nimmt Reize aus seiner Umwelt auf und verarbeitet sie.

Können alle Ergebnisse aus dem Verarbeitungsprozess der Umweltreize Wissen genannt werden? Zur Beantwortung der Frage sollen Bedingungen des Wissens von Kriterien unterschieden werden.

Bedingungen sind Merkmale, die ein Wissen ermöglichen. Es ist erstens die Kommunikation eines Individuums mit seiner Umwelt. Die Kommunikation lässt Wissen aus einem Prozess hervorgehen, d.h. aus nachvollziehbaren Schritten in einer konkreten Situation. Wissen bezieht sich immer auf einen Gegenstand, ansonsten würde das Wort keinen Sinn machen; der Kommunikationsprozess verhindert, zu versuchen, Wissen abstrahiert von seinem Gegenstand zu definieren.

Bedingungen sind zweitens die biologische Ausstattung des Subjektes. Gezeigt wurde bereits, dass nur solche Reizqualitäten verarbeitet werden können, die den onto- und phylogenetischen Merkmalen des Subjektes entsprechen.

[12] Maturana (1974), S. 84.

Außer den Bedingungen bedarf es der Kriterien, nach denen entschieden werden kann, ob Ergebnisse aus der Kommunikation zu einem Wissen gerechnet werden können.

Welche Kriterien aus der Reizverarbeitung lassen sich erkennen, um Informationen über die Umwelt so zu charakterisieren, dass sie als Wissen gelten können? Verlangt wird, dass

1. Ergebnisse nicht beliebig sind, weil sie sich auf Reize beziehen,
2. Ergebnisse sich überprüfen lassen, ob sie zutreffen,
3. man sich der Ergebnisse bewusst werden kann und sie sprachlich erfasst werden können.

Ergebnisse, die diese Kriterien erfüllen, sollen Wissen genannt werden.

Begründung:

Es wurde darauf hingewiesen, dass Ergebnisse aus der Kommunikation keine beliebigen sind, weil sie sich auf Reize beziehen. Würde jemand auf Ergebnisse verweisen, die sich nicht auf Reize beziehen, ließe sich das zweite Kriterium nicht erfüllen, nämlich zu prüfen, ob die Ergebnisse zutreffen oder nicht.

Es gibt Ergebnisse aus der Kommunikation, die nicht für alle gelten können wie z.B. ein Erkennen von Liebe im Ausdruck der Augen eines anderen. Wie sollte einem Dritten das Ergebnis zugänglich sein? Wenn das nicht der Fall ist, handelt es sich dann um ein Wissen? Das Kriterium einer Überprüfung gilt für die Erste Person wie für die Dritte. Wenn nur die Erste Person die Liebe erkennt und sich ihrer vergewissern kann durch wiederholtes Hinsehen, so ist das Kriterium einer Überprüfung für die Erste Person erfüllt. Die erkannte Liebe ein Wissen zu nennen, erscheint für die Erste Person gerechtfertigt. Das Beispiel zeigt, dass das zweite Kriterium nicht verlangt, dass eine Dritte Person die Ergebnisse überprüfen kann. Es gibt solche Ergebnisse, die nur von einer Ersten Person überprüfbar sind und von denen nicht verlangt wird, dass sie für alle gelten. Wenn Ergebnisse dagegen den Anspruch einer allgemeinen Geltung erheben, müssen sie von jedermann überprüft werden können, ob sie zutreffen oder nicht.

Das dritte Kriterium verlangt, dass man sich der Ergebnisse bewusst werden und sie sprachlich erfassen kann. Bewusstsein ist Voraussetzung für eine sprachliche Erfassung der Ergebnisse. Und eine sprachliche Erfassung ist Voraussetzung einer Überprüfung. Nur dann ist es möglich zu prüfen, ob ein Ergebnis zutrifft oder nicht, wenn es eine Erste Person für sich selbst, gegenüber Dritten oder einer Gemeinschaft benennen kann.

Alle drei Kriterien sind geeignet, Ergebnisse aus der Wahrnehmung, aus den Emotionen und aus der Reflexion zu überprüfen, ob sie zu einem Wissen gerechnet werden können oder nicht.[13]

---

[13] Kolster (201), S. 47 ff.

Kritisches

Die Kriterien werden gewählt, um durch ein Wissen die Gestaltung einer individuellen und gemeinschaftlichen Lebensordnung zu ermöglichen. Wissen ist lebensnotwendig, weil es für das Leben und Überleben eines Subjekts in der Welt unverzichtbar ist: zur Bewältigung von Gefahren, zur Sicherung von Lebensgrundlagen und zur Gestaltung einer Leben schützenden Ordnung. Es kann im Gedächtnis gespeichert und erinnert werden.

Eine Information über die Umwelt mit Wissen zu bezeichnen hat zur Folge, dass so ein Wissen nicht nur auf viele Arten von Lebewesen zutrifft, sondern auch auf ein Reiz-Reaktions-Schema reduziert werden könnte; wieso sollten die Ergebnisse mit Wissen bezeichnet werden? Auf den Einwand lässt sich erwidern, dass Ergebnisse erst dann Wissen genannt werden, wenn sie das dritte Kriterium eines Bewusstseins und einer Sprache erfüllen. Bewusstsein und Sprache schließen ein Reiz-Reaktions-Schema aus, weil sie einem Subjekt ermöglichen, sich von den Ergebnissen zu distanzieren.

Widersprechen diese Kriterien eines Wissens der von Damasio genannten Bestimmung, der Wissen als das bezeichnet, was in „dispositionellen Repräsentationen" im Gehirn abgelegt ist? Sie widersprechen einander nicht, weil ein Wissen nach den hier genannten Kriterien vereinbar bleibt mit einer dispositionellen Repräsentation, d. h. mit bestimmten neuronalen Prozessen im Gehirn, ohne die ein Wissen unvorstellbar wäre.

Es gibt Ergebnisse, bei denen es fraglich ist, von Wissen zu sprechen. Das ist der Fall bei angeborenen Dispositionen neuronaler Zustände wie z.B. für die Erfüllung eines Schutzbedürfnisses. Damasio nennt solche Zustände „angeborenes Wissen". Solche dispositionellen Repräsentationen könne man sich vorstellen als überlebensnotwendige biologische Regulationen wie beim Stoffwechsel, bei Trieben und Instinkten. Es seien Überlebensdispositionen, weil sie Überleben sichern können durch Kampf- oder Fluchtverhalten; sie helfen dem Organismus, Ereignisse hinsichtlich möglicher Auswirkungen als „gut" oder „schlecht" einzustufen. Ob es sinnvoll ist, angeborene dispositionelle Repräsentationen als Wissen zu bezeichnen, die keines Bewusstseins bedürfen, erscheint nicht überzeugend, weil sie keine Ergebnisse aus einer Kommunikation mit der Umwelt sind. Sie gehören zu einem Vermögen, Umweltreize zu bewerten.

Zusammengefasst

Wissen bezeichnet die Ergebnisse aus der Kommunikation des Menschen mit seiner Umwelt.

Die Ergebnisse bedürfen der Möglichkeit einer Überprüfung. Sie bedürfen eines Bewusstseins und einer sprachlicher Erfassung als Voraussetzung einer Überprüfung.

Ergebnisse eines Menschen, die ein Dritter aus einer Kommunikation mit der Umwelt nicht nachvollziehen und überprüfen kann, können nicht den Anspruch einer allgemeinen Geltung erheben; sie bleiben ein individuelles Wissen.

Die hier begründete Beschreibung des Wissens führt zu einem ausgeweiteten Verständnis von Wissen. Es kann ein individuelles oder ein allgemeines sein. Es ermöglicht, Wissensmöglichkeiten der Praxis ebenso einzubeziehen wie das aus körperlichem und aus situativem Erleben.

Wenn es gelingt, ein Wissen über die Welt als das grundlegendste zu zeigen, nämlich des Seins eines Gegenstandes, das jede Wissenschaft voraussetzen muss, dann lässt sich dieses Wissen als Metaphysisches beschreiben und seine subjektive Erklärung als Metaphysik. Um das zu erläutern, bedarf es einer Klärung der Beziehung zwischen Wahrnehmen und Reflexion.

Die unterschiedlichen Möglichkeiten lassen sich durch je eigentümliche Merkmale kennzeichnen.

IV. Beziehung zwischen den Arten des Wissens aus der Wahrnehmung und der Reflexion

Während ein Wissen aus der Wahrnehmung unmittelbar präsent ist, distanziert sich ein Subjekt durch eine Reflexion von dem Vorwissen. Vorwissen kann das aus der Wahrnehmung, aus den Emotionen oder aus der Reflexion sein, das sich nachdenkend betrachten lässt. Erst eine Distanzierung ermöglicht eine Befragung des Gegenstandes aus dem Vorwissen bzw. dessen Betrachtung unter bestimmten Hinsichten wie z.B. auch eine Betrachtung des Seins in der überlieferten Metaphysik; allerdings haben diese Betrachtungen ein Sein immer schon voraussetzen müssen.

Ein Ziel nachdenkender Betrachtung kann sein, Wissen über die Umwelt zusammenzuordnen, zu zerlegen, zu präparieren, Zwecken zu unterwerfen, Einzelnes auf seine Wiederholbarkeit zu prüfen oder sinnvolle Handlungsorientierungen zu finden.

Aus neurowissenschaftlichen Ergebnissen lässt sich ein Wissen aus der Reflexion von dem aus der Wahrnehmung unterscheiden. Nachdenkende Betrachtung aktiviert andere neuronale Vernetzungen und andere Areale im Gehirn als Wahrnehmen und Fühlen.[1] Es ist eine kognitive Verarbeitung der Reize, deren neurobiologische Repräsentation unterschieden ist von der aus Wahrnehmungen. Kandel verweist auf Experimente, die mit Hilfe besonderer Techniken die Hirnbereiche sichtbar machen, die an der Erkennung geschriebener und gesprochener Wörter beteiligt sind. Lesen und Hören, Sprechen und Denken eines Wortes aktivieren jeweils nach Lage und Umfang unterschiedliche Bereiche. Aus Abbildungen nach der PET Methode (Positronen-Emissions-Tomographie)[2] treten vier Hirnbereiche deutlich sichtbar hervor, die durch die vier Tätigkeiten Sehen, Hören, Sprechen und Denken eines Wortes aktiviert werden. Kandel erläutert, dass das Hören eine andere Gruppe von Arealen aktiviert als Denkvorgänge wie das Analysieren der Bedeutung eines Wortes im frontalen Cortex. Hierzu waren die Versuchspersonen aufgefordert worden, auf das Wort „Gehirn" mit einem passenden Verb zu antworten. Die Suche nach diesem Wort hat nichts zu tun mit Wahrnehmung, sondern mit einer nachdenkenden Betrachtung des Wortes „Gehirn" und darüber, was es vermittelt. Auffallend groß und deutlich unterschieden ist der während des Denkens aktivierte Bereich im frontalen Cortex.[3] Es sind nicht nur unterschiedliche

---

1 Kandel/Schwarz, S. 444 und Roth (2001), S. 174 ff.

2 Das Verfahren misst Veränderungen des regionalen Blutflusses im Gehirn als Funktion kognitiver Prozesse. Es gibt inzwischen modernere Verfahren wie z. B. die Magnetresonanz-Tomographie, die auf der Anwendung von Radiofrequenzsignalen und Magnetfeldern, die bei einer vorausgegangenen Denkleistung Änderungen im Hirngewebe sichtbar machen, beruht. Vgl. Frahm, S. 55 ff.

3 Kandel/Schwartz, S. 17, Abb. 1.9 A-D.

Gehirnorte, sondern auch neuronale Prozesse, durch die ein Wissen aus der Reflexion unterscheidbar wird von einem Wissen aus Wahrnehmung.[4]

Die neuronalen Prozesse sind bis heute weder vollständig erforscht, noch erlauben die Ergebnisse, dass geistige Aktivitäten in ihren vielfältigen Ausprägungen wie Vorstellungen haben, erinnern, kombinieren, urteilen, lernen, abstrahieren usw. auf abgegrenzte neuronale Vernetzungen und Areale reduziert werden können.

Es hatte sich gezeigt: Die Reflexion bringt der Wahrnehmung unzugängliche Erkenntnisse eines Gegenstandes hervor, deren Ergebnisse sich in Begriffen, Aussagen und Theorien oder in einer Geschichte, die erzählt wird, zeigen. Eine systematische Art der Reflexion nach bestimmten Kriterien findet sich in den Wissenschaften, deren wichtigstes Kriterium eine Begründung des Wissens verlangt, ob empirisch oder unter Verweis auf anderes Wissen wie in den Geisteswissenschaften; eine Begründung stützt sich immer auf ein Allgemeines, das auf Wahrnehmung zurückgeht, auch in den Geisteswissenschaften.[5] Ähnlich wie bei der Reflexion eines Wissens aus der Wahrnehmung verhält es sich mit einer Reflexion eines Wissens aus Emotionen.

Warum spielt die Unterscheidung hier eine Rolle? Vor allem, um zu zeigen, dass Wahrnehmen und Reflektieren ein unterschiedliches je eigentümliches Wissen über die Umwelt hervorbringen. Reflektieren über Wahrgenommenes erfasst dessen befragte Aspekte; seine Ergebnisse sind nicht auf die Ergebnisse aus der Wahrnehmung reduzierbar. Wahrnehmen dagegen umfasst die Vielfalt seines Gegenstandes, ohne auf bestimmte Hinsichten eingegrenzt zu sein oder überhaupt vom Einzelnen zu abstrahieren. Reflexion erschließt Informationen über die Welt, die unterschieden sind von denen aus der Wahrnehmung.[6]

Ein Reflexionswissen kann weder die Einheit der Wahrnehmung, noch ihre Vollständigkeit entsprechend den Reizen der Umwelt erfassen, aus denen es entsteht. Was aus unterschiedlichen Modalitäten und aus vielen unterschiedlichen Reizquellen zu einer Vielfalt und deren Einheit eines Wahrnehmungswissen im Gehirn herausgebildet wird, führt in einer Reflexion zu einem partiellen Wissen des Ganzen, weil sie nur einen Aspekt hervorhebt, während das Wissen aus den anderen Quellen vernachlässigt wird. Kommt es einem Forscher wie oben erwähnt bei der Untersuchung eines Gesichtes nur auf dessen physiologische Proportionen für Rassenstudien an, wird er emotionales Wissen des Gesichtsausdrucks unberücksichtigt lassen und deshalb dieses besondere Gesicht nur unvollständig erkennen. Wahrnehmungswissen ist unverzichtbare Voraussetzung eines wissenschaftlichen Wissens. Da aber wissenschaftliches Wissens aufgrund seines Reflexionscharakters nur Ausschnitte erfasst, vermitteln beide Arten, bezogen auf einen Gegenstand,

---

4 Ebd. S. 444.

5 Hübner (1978, S. 308 ff.) beschreibt den Charakter des Allgemeinen zur Erklärung des Einzelnen sowohl in den Natur- wie auch in den Geisteswissenschaften.

6 Eine ausführliche Untersuchung über die Arten des Wissens auf der Grundlage neurowissenschaftlicher Ergebnisse s. Kolster (2003), S. 55 f.

unterschiedliches Wissen, wobei das Wahrnehmungswissen reichhaltiger ist und das Reflexionswissen eine größere Erklärungskraft besitzt.

Zusammengefasst: Wahrnehmen und Reflektieren sind zwei eigenständige Zugangsweisen zu einem Wissen über die Welt. Das lässt sich zeigen mit Hilfe der Ergebnisse aus neurowissenschaftlichen Untersuchungen. Sie erklären, dass Umweltreize[7] in einem neuronalem Prozess verarbeitet werden; die Umweltreize sind für eine Wahrnehmung unverzichtbar, ansonsten wäre eine Wahrnehmung irgendetwas Beliebiges.

Abhängigkeit

Es gibt eine Abhängigkeit der Reflexion von der Wahrnehmung. Der Wahrnehmungsgegenstand wird vorausgesetzt. Die Frage z.B, wie groß die Entfernung zu einem bestimmten Stern ist, setzt die Wahrnehmung des Sternes voraus. Eine Antwort geht aber über ein Wahrnehmungswissen hinaus; sie erfordert eine Beziehung zu anderen Wahrnehmungen wie z.B. zu einem Entfernungsmaßstab; dieser mag aus einem Vergleich mit einer anderen Entfernung entnommen werden. Die Herstellung solcher Beziehungen ist eine Leistung, die eine Wahrnehmung nicht erbringen kann. Nur Wahrnehmung ist von den beiden anderen Arten unabhängig, was auf ihre grundlegende Bedeutung für ein Wissen über die Umwelt hinweist.

Warum spielt die Unterscheidung hier eine Rolle? Vor allem, um zu zeigen, dass Wahrnehmen und Reflektieren ein unterschiedliches je eigentümliches Wissen über die Umwelt hervorbringen. Reflektieren über Wahrgenommenes erfasst dessen befragte Aspekte; seine Ergebnisse sind nicht auf die Ergebnisse aus der Wahrnehmung reduzierbar. Wahrnehmen dagegen umfasst die Vielfalt seines Gegenstandes, ohne auf bestimmte Hinsichten eingegrenzt zu sein oder überhaupt vom Einzelnen zu abstrahieren. Reflexion erschließt Informationen über die Welt, die unterschieden sind von den aus der Wahrnehmung.[8]

Wissen lässt sich als Ergebnis eines Prozesses beschreiben. Das Wissen aus der Wahrnehmung erweist sich als ein unmittelbares zur Orientierung des Subjektes in seiner Umwelt. Da ein Wissen aus nachdenkender Betrachtung Gegenstände der Wahrnehmung reflektiert, ist auch hier Wissen aus der Kommunikation des Menschen mit seiner Umwelt die Grundlage. Eine Ausformung dieses reflektierten Wissens hängt von den Voraussetzungen und Annahmen ab, unter denen die Gegenstände betrachtet werden.

---

7 Der Begriff „Umwelt" beschreibt einerseits die Welt als Ergebnis subjektiver Kommunikation, andererseits als Quelle der von den Sinnesorganen aufgenommenen Reize.

8 Eine ausführliche Untersuchung über die Arten des Wissens auf der Grundlage neurowissenschaftlicher Ergebnisse s. Kolster (2003), S. 55 f.

Meyer-Abich hat diesen Zusammenhang in Anlehnung an Kant so ausgedrückt: „Vernunft ohne Sinnen- und Gefühlsgehalt ist leer, Sinne und Gefühle ohne Vernunft sind blind. Die Vernunft denkt Sinnen- und Gefühlsgegebenes, dieses ist ihr Inhalt; darin kann sie einseitig werden, wenn sie sich nur von verborgenen Gefühlen leiten lässt. [...] Umgekehrt aber sind Sinne und Gefühle bei weitem nicht alles, denn sie müssen von der Vernunft ausgesetzt und bedacht werden."[9] Obgleich Sinne, Gefühle und Denken als unterschiedliche und wichtige Quellen des Wissens hier betont werden, erhalten sie in Meyer-Abichs Aussage noch keinen selbständigen Rang eines Wissens, auf den es aber ankommt, um die Verarbeitung der Reize aus differenzierten Quellen der Umwelt sichtbar werden zu lassen. Zur Geltung kommt aber in Meyer-Abichs Betrachtung die Zusammengehörigkeit von Wahrnehmung, Fühlen und Denken, um aus ihren Eigentümlichkeiten eine unbeschränkte Kenntnis über die Umwelt zu ermöglichen. Eine Ergänzung der Arten ergibt sich nicht nur aus ihrer gegenseitigen Abhängigkeit, sondern auch aus ihren voneinander abhängigen Leistungen zur Erfüllung der Bedürfnisse des Menschen in seiner Umwelt für Überleben und Gedeihen.

Sprache

Sprache bedarf der Wahrnehmung. Die für jede Reflexion erforderliche Sprache verweist darauf. Reflexionswissen kann im Unterschied zum Wahrnehmungswissen nicht auf Sprache verzichten. Wie anders sollte man sich aber eine Verständigungsmöglichkeit und eine Konstanz einer Sprache und Begriffsbildung vorstellen können, wenn nicht auf eine für alle Sprachteilnehmer gemeinsame Instanz verwiesen werden könnte, die im Erlernen einer Sprache eine Rolle spielt; es ist ein Wahrnehmungswissen. Dass Sprache, aus neurowissenschaftlicher Perspektive gesehen, die verschiedenen sensorischen Bereiche des Gehirns aktiviert, darauf wurde oben hingewiesen. Eine Zuordnung von Bedeutungen zu Wörtern versuchen Sprachtheorien zu erklären, von denen aber keine auf Wahrnehmungs- bzw. Emotionswissen verzichten kann. Deutlich wird ein Einfluss der Wahrnehmungen aus den Überlegungen zu einer Begriffsbildung, auf die später noch einmal eingegangen wird.

Auch in den Theorien der analytischen Sprachphilosophie und des kritischen Rationalismus kommt zum Ausdruck, dass die Sprache als Erkenntnisinstanz unverzichtbar ist und sie dabei nicht auf einen Erfahrungsanteil verzichten kann.[10] Ähnliches lässt sich für Emotionen zeigen; Reflexionen z.B. über Angst machen nur Sinn, wenn man mit dem Begriff Angst die entsprechende Empfindung verbinden kann. Aus dem Sprachargument folgt, dass ein Reflexionswissen nicht auf Wahrnehmungs- bzw. auf Emotionswissen verzichten kann.

---

9 Meyer-Abich, S. 131.
10 Stegmüller S. 15 ff.

Möglichkeiten ihrer Beziehung

Zwischen Wahrnehmungswissen und Reflexionswissen gibt es drei Möglichkeiten einer Beziehung: Eine ist die Vorstellung, dass Wahrnehmungswissen auf ein Reflexionswissen rückführbar ist. Da Reflexionswissen eines Wahrnehmungswissens bedarf und nicht umgekehrt, kann letzteres nicht auf ersteres zurückgeführt werden; diese Art der Beziehung ist ausgeschlossen.

Eine zweite Möglichkeit ist, dass es zwei verschiedene Beschreibungen eines gleichen Ereignisses sind. Dieser Auffassung ist Tye: Zwischen Wissen aus der Wahrnehmung, das er Erlebnis nennt, und dessen neurologischer Beschreibung gäbe es keine Erklärungslücke. Das Wahrnehmungswissen, das zu einem „phänomenalen Begriff" führe wie z. B. Schmerzen haben, bedürfe keiner Theorie über Schmerzen, um festzustellen, ob man welche hat. Empfindung und Gehirnzustand wären zwei verschiedene Beschreibungen des gleichen Phänomens; ihre Beziehung zueinander ergäbe sich aus einer empirischen Zuordnung: Ein bestimmter Gehirnzustand hätte sich als der beste Kandidat zur Identifikation mit der Empfindung erwiesen. Eine Erklärungslücke zwischen beiden gäbe es nicht.[11] Aber stimmt das? Wahrnehmungswissen wie z.B. eine Empfindung haben ist ein unmittelbares Wissen, ein Wissen über den dazugehörigen neuronalen Prozess ist ein Reflexionswissen. Woher weiß aber Tye, dass die gefundene neuronale Gesetzmäßigkeit keine Lücke lässt zum Wahrnehmungswissen? Ein Wissen über die neuronale Gesetzmäßigkeit ist erklärendes Reflexionswissen, aus einem vorausgehenden Wahrnehmungswissen wird ein bestimmter Aspekt ausgewählt und gegenüber dem verbleibenden Wahrnehmungswissen hervorgehoben. Insofern kommt im erklärenden Wissen immer nur der befragte Aspekt eines Wahrnehmungswissens zur Geltung. Wenn man nach einem anderen Aspekt fragt oder andere Begrifflichkeiten wählt, kann neues erklärendes Wissen entstehen. Nach einer Erklärungslücke zwischen Wahrnehmungs- und erklärendem Wissen zu fragen, macht Sinn, wenn klar ist, woran eine Lücke gemessen werden sollte, wie später gezeigt wird.

Wahrnehmungswissen und erklärendes Wissen sind nicht einfach zwei verschiedene Beschreibungen eines gleichen phänomenalen Ereignisses – wie Tye meint –, sondern die erklärende Theorie setzt die Wahrnehmung voraus. In gleicher Weise lässt sich die Frage nach der Beziehung zwischen Emotions- und Reflexionswissen beantworten, weil Emotionswissen, an die Stelle von Wahrnehmungswissen gesetzt, zu einem gleichen Ergebnis der Beziehung führt wie zwischen Wahrnehmungs- und Reflexionswissen.

Eine dritte Möglichkeit der Beziehung zwischen Wissen aus der Wahrnehmung und der Reflexion ergibt sich dort, wo Reflexionswissen z.B. als naturwissenschaftliche Gesetzmäßigkeiten formuliert und bewiesen wird: Wenn sie als Aussage über ihren Wahrnehmungsgegenstand Geltung beanspruchen, d.h. für alle Exemplare

[11] Tye, Bd. 108.

des Wahrnehmungsgegenstandes zutreffen, bilden sie dessen notwendige Bedingung. Wenn sich ein Exemplar finden ließe, dass die Gesetzmäßigkeit nicht erfüllt, wäre entweder die Gesetzmäßigkeit falsch oder das Exemplar müsste als nicht vergleichbar bewertet werden, was wiederum einer Begründung bedarf. Es kann mehrere Gesetzmäßigkeiten als notwendige Bedingung für einen Gegenstand geben wie z.B. beim Menschen Gesetzmäßigkeiten des Blutkreislaufes und die der neuronalen Prozesse. Deutlich wird aus dieser Beziehung, dass eine Gesetzmäßigkeit bestimmte Aspekte des Wahrnehmungsgegenstandes erfasst, aber eben nicht diesen auf die Gesetzmäßigkeit reduziert.

Der inhaltliche Zusammenhang eines Wissens aus der Wahrnehmung mit dem aus der Reflexion lässt sich mit Hilfe einer logischen Beziehung beschreiben. Beide Arten des Wissens können jede für sich wahr (W) oder falsch (F) sein. Wenn man beide Wahrheitswerte in ihren möglichen Kombinationen miteinander verbindet, lässt sich aus ihrer Verknüpfung wieder ein Wahrheitswert wahr/falsch aussagen. Deshalb lässt sich fragen: Bei welchen Wahrheitswerten der Wahrnehmung bzw. der Wissenschaft ergibt sich ein Gesamtwahrheitswert, der der Begründung des wissenschaftlichen Ergebnisses entspricht. Welche Kombination lässt sich als widerspruchsfrei zeigen? In der Naturwissenschaft gibt es das wahrgenommene Wissen des Gegenstandes, über den Wissenschaft eine empirisch erwiesene Aussage macht.

Die logische Beziehung angewandt auf das Wissen neuronaler Prozesse im Gehirn und die Wahrnehmung des Nachdenkens:

neuronale Prozesse	←	Nachdenken		
F		W	//	F

Die Replikation stimmt, weil es ohne neuronale Prozesse kein Nachdenken gibt; neuronale Prozesse sind eine notwendige Bedingung für Nachdenken und umgekehrt:

neuronale Prozesse	→	Nachdenken		
W		F	//	F

Die Implikation stimmt nicht, weil es neuronale Prozesse auch im Schlaf gibt; neuronale Prozesse sind keine hinreichende Bedingung für Nachdenken

Es lassen sich auch keine wissenschaftlichen Aussagen finden, die eine hinreichende Bedingung für ihren Gegenstand sein könnten, weil jede der Aussagen bereits Wahrgenommenes voraussetzt.

Wenn nur das Abstrahierte aus der Reflexion betrachtet wird, kann es nur notwendige Bedingungen des Gegenstandes betreffen, aber nicht für sich ohne Bezug auf den Gegenstand Einsichten erschließen. Der Gegenstand – das Wahrgenommene – ist die unhintergehbare Grundlage des Seins.

Die Beziehung der „notwendigen Bedingung" spielt eine wichtige Rolle, weil sie klar macht, dass Ergebnisse aus der Reflexion zwar unverzichtbar zutreffen, dass sie aber nicht die Wahrnehmung ersetzen. Der Zusammenhang wird später genauer untersucht und an Beispielen demonstriert.

Wahrnehmungs- und Emotionswissen können für sich allein auftreten; eine Beziehung zwischen ihnen ergibt sich, wenn eine Bewertung des Wahrnehmungswissens erfolgt. Ihre Beziehungen zu einem Reflexionswissen erweisen sich als dessen unverzichtbare Grundlage.

Ein Reflexionswissen kann sich auf sich selbst beziehen, wie es bei unterschiedlichen Theorien der Fall ist, die aus einer, beide umfassenden, erklärt wird. Auch in diesem Fall behält die Wahrnehmung als unverzichtbare Grundlage ihre Bedeutung.

Vorrang

Kommt einem der beiden unterschiedlichen Ergebnisse aus der Kommunikation mit der Umwelt ein bevorzugter Rang zu? Man könnte vermuten, dass einem Reflexionswissen ein Vorrang einzuräumen ist, weil die Wissenschaft, die diese Wissensart verkörpert, den Ruf hat, die höchste Einsicht zu vermitteln. Bedenkt man aber, dass ein Reflexionswissen nicht nur ein Wahrnehmungswissen voraussetzt, sondern selbst nur aspekthafte Sichtweisen hervorbringt und vieles wegen der Präparation und Abstraktion nicht zur Geltung kommt, so wird man dem Wahrnehmungswissen eine unverzichtbare Grundlagenbedeutung beimessen müssen, dem Reflexionswissen dagegen eine Bedeutung aus seiner Spezifizierung unter Zwecken. Insofern wird man von keiner Wissensart sagen können, dass ihr ein höherer Rang einzuräumen sei als einer anderen. Sie stehen hinsichtlich ihrer jeweils eigentümlichen Bedeutung für unser Leben gleichrangig nebeneinander, wenn auch die Wahrnehmung eine unverzichtbare Grundlage für Emotionen und Reflexion bildet.

Aus der Beziehung zwischen Wahrnehmungs- und Reflexionswissen hat sich ergeben: Reflexion bedarf der Wahrnehmung, aber Wahrnehmung nicht der Wissenschaft. Erinnert wird an Tye`s Beispiele: Man brauche keine wissenschaftliche Theorie über Schmerzen, um festzustellen, ob man welche hat; oder wer noch nie den Geruch eines Stinktiers wahrgenommen hat, dem wird auch eine Theorie nicht beibringen können, wie es riecht.[12] Umgekehrt ist aber Wahrnehmungswissens die Grundlage eines Reflexionswissens.

[12] Tye spricht von phänomenalen Begriffen, die man nur aus der Erfahrung bekommt.

Zusammengefasst

Gezeigt wurde bisher, dass Wahrnehmungswissen und Reflexionswissen je Eigentümliches über die Umwelt erschließen: Die Wahrnehmung den einzelnen Gegenstand und die Reflexion allgemeine Aussagen über den Gegenstand als notwendige Bedingung. Daraus ergibt sich: Das Wissen aus der Wahrnehmung, d.h. das Wissen des Einzelnen, lässt sich nicht mehr verdrängen.

Wahrgenommenes lässt sich nicht auf Denkprozesse reduzieren und umgekehrt Wissen aus den Denkprozessen nicht auf Wahrgenommenes. Das einzelne Wahrgenommene erlaubt in seiner Vielfalt ein allgemeines Wissen aus der Reflexion z.B. bestimmter Eigenschaften. Eine Unterscheidung der Einzelnen, die unter einem Allgemeinen zusammengeordnet werden, bleibt nach anderen Eigenschaften erhalten.

Adornos oben beklagte Furcht, Metaphysik übe eine Vorherrschaft des Allgemeinen aus, wodurch das Individuelle degradiert und die Rechte des Sinnlichen ausgelöscht würden, lässt sich auflösen, weil ein Allgemeines ohne Einzelnes leer bleibt.[13]

13 Pöltner, S. 132.

V. Wissenschaft und Metaphysik

Stimmt es – übt Metaphysik eine Vorherrschaft des Allgemeinen aus? Lässt sich ihr Allgemeines überhaupt als Wissenschaft verstehen? Es gibt ein Bedürfnis, Wissen über Zusammenhänge in der Natur und der Kultur zu erforschen, zu erklären und bestimmte Zwecke zu erreichen. Wissenschaft lässt sich beschreiben als Erfüllung des Bedürfnisses, neues Wissen auf der Grundlage eines vorgefundenen Wissens zu erschließen und das Neue dem vorhandenen Wissen zuzuordnen. Merkmale eines Wissens sind nicht festgelegt worden, sondern haben sich in einer historischen Entwicklung herausgebildet; ihre systematischen Anforderungen an ein solches Wissen haben sich im Laufe einer historischen Entwicklung verändert.

Es ist die alte Frage, ob die Begriffsbildung und ihre Beziehung zum Einzelnen aus der Wahrnehmung in seiner möglichen Vielfalt auf ein grundlegendes Allgemeines zurückgeführt werden kann. Als das grundlegendste Einzelne galt das Sein, weil es allen Gegenständen der Welt zukommt. Die Wechselbeziehung zwischen Sein und Wissen[1], zwischen Einzelnem und Allgemeinen, ist Ausdruck einer Erkenntnisproblematik seit dem Altertum. Zur Lösung der rätselhaften Wechselbeziehung sind im Altertum, im Mittelalter und in der Neuzeit, wie oben erläutert, viele Lösungskonzepte entworfen worden.

Nach den Untersuchungen der Arten des Wissens bleibt zu fragen, wie sich ihre Unterschiede auf das auswirken, was wir Wissenschaft nennen.

Was kennzeichnet Wissenschaft? Vorschläge einer Definition hat es gegeben wie bspw. „denkende Ordnung der Wirklichkeit“ (Max Weber), „Bemühen um Erkenntnisfortschritt“ (Gerhard Radnitzky), „Streben nach Wahrheit“ (Henri Poincaré), „rationales Problemlösen“ (Karl Popper) oder „methodisch und instrumentell geordnetes Unternehmen, das auf objektiv-intersubjektiv gültige Erkenntnis zielt“ (Hans Mohr). Ohne eine der Definitionen als eher zutreffend hervorzuheben, kennzeichnen alle die charakteristischen Merkmale eines Wissens in den Wissenschaften, um das es hier geht.

Alltagswissen vermittelt Orientierungen in meist unreflektierten Handlungs- und Sachzusammenhängen, in die man hineingewachsen ist und die sich im Sinne einer Lebens- und Überlebensorientierung bewährt haben. Wird solches Alltagswissen befragt hinsichtlich seiner Geltung, weitergehender Erklärungen oder hinsichtlich seiner Zusammenhänge, entsteht ein Wissen auf einer Metaebene. Ist das Ziel eine systematische Untersuchung eines befragten Gegenstandes, führt es zu einem Wissen, das wissenschaftliches Wissen genannt wird. Die systematischen Anforderungen an ein solches Wissen haben sich im Laufe einer historischen Entwicklung verändert. Diskutiert worden ist immer wieder, wie ein Wissen verfasst sein muss, um als wissenschaftliches Wissen anerkannt zu werden. Sollen eine über

---

[1] Wolf, S. 12.

Erfahrung hinausweisende Religion und Metaphysik in einer Wissenschaft zugelassen sein? Thomas Hobbes sagte nein, Giambattista Vico sagte ja. Neue metaphysische Fragehorizonte veränderten das Wissenschaftsverständnis, wie die Wende vom geozentrischen zum heliozentrischen Weltbild zeigt. Sollen Vermögen wie Phantasie und Einbildungskraft, Begründungselemente wie Ähnlichkeit und Wahrscheinlichkeit anerkannt werden? Was soll als Wahrheit gelten und welche Methoden sollen erlaubt sein? Trotz der Veränderungen hat es aber bestimmte Erwartungen gegeben, die ein Wissen in den Wissenschaften erfüllen sollte.

Dazu gehören Erklärungskraft, Gewissheit, Allgemeinheit, insofern es für alle fragenden Subjekte und für alle wiederholt befragten Gegenstände gilt, und dazu gehört, Erklärungen geben und, wenn möglich, Voraussagen über den Gegenstand machen zu können. Wissenschaftliches Wissen ist selbst – wie auch hier – zum Gegenstand von Untersuchungen gemacht worden, zusammengefasst unter dem Begriff der Wissenschaftstheorie.

Ein zentrales Merkmal wissenschaftlichen Wissens ist die Begründungspflicht seiner Aussagen, die wahr oder falsch sein können. Begründungen sind ihrerseits von bestimmten Merkmalen abhängig: Das ist erstens der Verweis auf die Instanz der Erfahrung wobei nicht alle Wissenschaftsbereiche wie z.B. die Mathematik dieser Instanz bedürfen. Erfahrung beruht auf Wahrnehmungswissen; nicht entschieden ist aber, was man der Erfahrung bezüglich einer Begründung des Wissens überlässt und was nicht. Soll z.B. Erfahrung nur im Rahmen ihrer vorausgehenden Begrifflichkeit eine Rolle spielen, wie es die Rationalisten verlangten, oder soll die Erfahrung ihrerseits erst die Herausbildung von Begriffen ermöglichen, wie es z.B. die Empiristen meinten? Unterschiedliche Auffassungen über die Rolle der Erfahrung als Rechtfertigungsinstanz – festgelegt in bestimmten Festsetzungen – haben zu unterschiedlichen Ausprägungen der Wissenschaft geführt.[2]

Zu dem Begründungsproblem gehört, dass die in den Begründungen verwendeten Begriffe und Aussagen wiederum zu begründen sind bis hin zu einer Frage nach der Letztbegründung, die immer wieder diskutiert worden ist, um den Wissenschaften ein unbezweifelbares Fundament zu verschaffen.[3] Ob eine Letztbegründung möglich sein kann, erscheint aber eher zweifelhaft, weil die unverzichtbaren Elemente, nämlich Wahrnehmung und Sprache, nicht ausschließlich rational erfassbar sind. Sprache, die jeder Wissenschaft vorausgehen muss, lässt sich vor allem nicht in ihrer Semantik auf einen rationalen Zusammenhang zurückführen. In die Sprache geht Wahrnehmungswissen ein, auch in eine Wissenschaftssprache, soweit sie von einer Umgangssprache unterschieden wird. Und dieses Wahrnehmungswissen lässt sich nicht in einem vollständig fixierten Sprachkonstrukt erfassen, weil das wiederum Sprache voraussetzt.

---

2 Hübner (1978), S. 52, 86 f.

3 Hösle (1990) S. 142 ff.: Er hat die Frage nach einer Letztbegründung historisch aufgearbeitet und den Entwurf einer reflexiven Letztbegründung vorgelegt.

In der Wissenschaft werden Erforschung und Erschließung von Zusammenhängen gekennzeichnet durch einen Unterschied von „Erklären" in den Naturwissenschaften und „Verstehen" in den Geisteswissenschaften. Hübner zeigt, dass der Unterschied überbrückbar wird durch einen inneren Zusammenhang ihrer Erschließungssystematik. Es ist in beiden Bereichen ein Allgemeines; das sind in den Naturwissenschaften Gesetze und in den Geisteswissenschaften Regeln.[4]

Ziel eines Wissens in den Wissenschaften ist es, seine Gegenstände zu erklären, Allgemeines – das sind Begriffe, Aussagen und Theorien – über Einzelnes – das ist Wahrgenommenes – auszusagen. Wissenschaft ist ein Ergebnis aus systematischer Verknüpfung von Begriffen zu Aussagen über einen Gegenstand. Die verwendeten Begriffe sollen möglichst unmissverständlich beschrieben werden; das gilt vor allem für veränderte und neue Begriffsbildungen. Aussagen sind ein Allgemeines, d.h., sie gelten für alle Wiederholungen ihrer Gegenstände unter dem Aspekt der Aussagen. Aus einer Verknüpfung von Aussagen lassen sich Theorien über einen Zusammenhang ihrer Gegenstände bilden. Eine Entwicklung von Theorien ermöglicht nicht immer einen rationalen Zusammenhang, d.h., dass sich physikalische Theorien nicht nach rationalen Kriterien aus den vorangegangenen Theorien herleiten lassen, so dass eine Rationalitätslücke entsteht.[5] Die Rationalitätslücke kennzeichnet den historischen Wandel der Wissenschaft. Aussagen müssen begründet und ihre Ergebnisse für jedermann nachvollziehbar einsehbar sein.

Beziehung zwischen Wahrnehmung und Wissenschaft

Wenn es gelingt, ein Wissen über die Welt als das grundlegendste zu zeigen, nämlich als das Sein eines Gegenstandes, das jede Wissenschaft voraussetzen muss, dann lässt sich dieses Wissen als metaphysisches beschreiben und seine subjektive Erklärung als Metaphysik. Um das zu erläutern, bedarf es einer Klärung der Beziehung zwischen Wahrnehmen und Reflexion.

Wenn Reflexionswissen, systematisch geordnet, zur Wissenschaft führt und Wahrnehmungswissen die Grundlage des Reflexionswissens bildet, dann ist die Frage, welche Differenzen zwischen Wahrnehmung und Wissenschaft – ähnlich denen zwischen Wahrnehmung und Reflexion – entstehen und welche systematischen Merkmale der Wissenschaft die Differenzen prägen.

Außer einem historischen Wandel kennzeichnet Systematisches eine Verfasstheit der Wissenschaft. Dazu gehören ihre Gegenstände, ihre Begründungsgrundlagen und Methoden. Das sind:

- der Aspektcharakter der Wissenschaft,
- die Reduktion,

---

4 Ebd., S. 304ff.

5 Kuhn, S.19 u. Hübner (1978), S. 62.

- die Präparation,
- die Abstraktion wissenschaftlicher Erklärungen,
- die Objektivierung,
- die Rolle der Mathematik und
- das der Wissenschaft Unzugängliche.

Hinzu kommen bestimmte Methoden, die eine Beziehung zwischen Theorie und Bestätigung der Theorien so herstellen, dass eine allgemeine Geltung ihrer Aussagen erreicht wird.

Aus der Beziehung zwischen Wahrnehmungs- und Reflexionswissen hatten sich Merkmale ergeben, die auf das wissenschaftliche Wissen übertragbar sind. Wissenschaft bedarf der Wahrnehmung, aber Wahrnehmung nicht der Wissenschaft. Die Reflexion bringt der Wahrnehmung unzugängliche Erkenntnisse eines Gegenstandes hervor, deren Ergebnisse sich in Begriffen, Aussagen und Theorien oder in einer Geschichte, die erzählt wird, zeigen. Aber umgekehrt zeigt Wahrnehmung eine Vielfalt ihres Gegenstandes, Reflexion dagegen Aspekte, abhängig von der Frage und gewählten Begriffen.

Unabhängig von den Kriterien ist unstrittig, dass Wissenschaft der Wahrnehmung bedarf, wie sie in ihrer Begriffsbildung in ihren Bereichen der Natur- und der Geisteswissenschaft unverzichtbar ist. Unverzichtbar ist sie, wie sich aus der Betrachtung des Wissens aus der Reflexion, auf das die Wissenschaft gründet, ergeben hat. Wahrnehmung ist subjektives Wissen. Als Grundlage eines allgemeingültigen Wissens der Wissenschaft bedarf es bestimmter Festsetzungen, um das subjektive Ergebnis mit einer Allgemeingültigkeit zu verbinden. Es sind Festsetzungen wie z.B. „judicale", die festlegen, wann Messdaten und Beobachtungen zur Bestätigung einer Theorie zugelassen werden oder ob eine Theorie durch sie verworfen werden muss.[6]

Betrachtet man z.B. sinnliche Wahrnehmung aus der Sicht einer Naturwissenschaft, wie es die Wahrnehmungstheorien tun, dann zeigt sich, dass die Sinneswahrnehmung zwar die Naturwissenschaft als Rechtfertigungsinstanz ermöglicht, dass aber die Naturwissenschaft die Sinneswahrnehmung des untersuchten Gegenstandes nur unter Aspekten beschreiben kann. Die Neurowissenschaften haben in ihren Untersuchungen der sinnlichen Wahrnehmung zwar eine Menge Erkenntnisse zutage gefördert, aber es hatte sich auch gezeigt, dass eine Erklärung aus der Perspektive eines neuronalen Prozesses äußere „Wirklichkeit" und „Realität des Gehirns" nicht zusammenführen kann. Ungeklärt ist bis heute auch die Frage, ob die Naturwissenschaft geeignet ist, den Übergang von neuronalen Prozessen zu Bedeutungen zu erklären, d.h., ob Bewusstseinsinhalte und Erlebnisse auf neurowissenschaftliche Prozesse rückführbar sind. Trotz dieser Einschränkungen können die Neurowissenschaften die unverzichtbaren Bedingungen eines Wissens in der Wissenschaft erschließen.

---

6 Ebd., S.86f.

Wie in der Reflexion erfasst Wissenschaft Aspekte ihres betrachteten Gegenstandes; der Gegenstand lässt sich nicht auf Ergebnisse der Wissenschaft reduzieren. In der allgemeinen Behandlung des Reflexionswissens hatte sich gezeigt, dass Reflexion bestimmte Aspekte zur Geltung bringt, d.h. Aspekte des Wahrnehmungsgegenstandes, auf den sie sich bezieht. Im Unterschied zur Geschichtlichkeit der Wissenschaft ist der Aspektcharakter ein Merkmal, das für alle historisch unterschiedlichen Wissenschaftsausformungen gezeigt werden kann.[7]

Erklärendes Wissen geht aus einem Wahrnehmungswissen dadurch hervor, dass ein bestimmter Aspekt ausgewählt und gegenüber dem verbleibenden Wahrnehmungswissen hervorgehoben wird. Insofern kommt im erklärenden Wissen immer nur der befragte Aspekt eines Wahrnehmungswissens zur Geltung. Wenn man nach einem anderen Aspekt fragt oder andere Begrifflichkeiten wählt, kann neues erklärendes Wissen entstehen.

Der Aspektcharakter wird deutlich in der Fragestellung, die untersucht und beantwortet werden soll. Sie hebt den gefragten Aspekt des Wahrnehmungsgegenstandes hervor und grenzt zugleich ein Wissen über diesen ein. Die Frage selber setzt sich aus bestimmten Begrifflichkeiten zusammen, die den gefragten Aspekt kennzeichnen.[8]

Ein Aspekt ist geprägt von den verwendeten Begriffen und deren Erklärungszusammenhang. Wahrnehmungsgegenstände können aus unterschiedlichen wissenschaftlichen Theorien erklärt werden wie z.B. die Himmelskörperbewegungen aus der euklidischen Physik oder aus der Relativitätstheorie. Deutlich wird der Aspektcharakter der Wissenschaft in ihren systematischen Merkmalen, wo es um eine Reduktion der Wahrnehmung, um Präparation, Abstraktion und Objektivierung geht.

Anders als bei Kant ist die Sinnenwelt Grundlage der Erkenntnis, das Wahrgenommene ist das „Ding", Verstand und Vernunft erschließen Aspekte. Ergebnisse aus der Wahrnehmung und Ergebnisse der Reflexion bilden ein je eigenständiges Wissen. Dann tritt an die Stelle ihrer Verschmelzung eine Beziehung, die sich als notwendige Bedingung beschreiben lässt. Aus der jeweiligen Eigenständigkeit ergibt sich, dass das Reflexionsergebnis nicht der Gegenstand selber ist, sondern ein Aspekt, der sich in Bezug auf seinen Gegenstand bewerten lässt.

Der Aspektcharakter gilt sowohl in der Natur- wie in der Geisteswissenschaft, allerdings mit dem oben erwähnten Unterschied, dass er in den Ergebnissen der Geisteswissenschaften keine Verallgemeinerung und Vorhersage erlaubt. Die wissenschaftliche Betrachtung eines Musikstückes erschließt zwar Einsichten mit

---

7 Ausführlich hat Kather die Aspekthaftigkeit und die Idealisierung der Naturwissenschaft an den Beispielen aus Texten von Whitehead, Schrödinger, Einstein und Heisenberg behandelt.

8 Vgl. Einstein, S. 66.

Hilfe eines Allgemeinen wie z.B. durch Stilmittel, das Allgemeine erlaubt aber keine Voraussage, ob der Komponist in einem anderen Stück dem gleichen Stilmittel folgt.

Ein Beispiel aus der Naturwissenschaft ist der Wahrnehmungsgegenstand Wasser und seine vielen möglichen wissenschaftlichen Betrachtungsweisen.[9] Wasser lässt sich aus physikalischer, aus biologischer, aus chemischer und aus ästhetischer Perspektive betrachten. Es gibt Anomalien beim Wasser, von denen mehr als 60 bekannt sind; eine davon ist, dass Wasser bei vier Grad Celsius seine größte Dichte erreicht. Es gibt 15 verschiedene Formen von Eis. Es gibt Phänomene die wunderbar und viele die wiederholbar sind. Es gibt ein Gedächtnis und ein Vergessen von Ordnungsstrukturen im Wasser, aber auch eine Kommunikation von Tropfen miteinander; so entstehen eine heftige Dynamik und Turbulenzen, wenn sich bspw. Einem Tropfen Wasser ein zweiter nähert. Jeder der Aspekte erschließt ein wissenschaftliches Wissen, aber es sind eben immer nur Aspekte des Phänomens Wasser. Für Kröplin ist das Wasser Anlass, auf eine andere Methodik des Erkennens als durch Zweifel zu verweisen. Er möchte über das Phänomen vorgehen, über das "Selbst-Erscheinende" im positiven Sinne.[10]

In den Geisteswissenschaften kann ein historischer Gegenstand wie z.B. das Römische Reich nicht nur aus unterschiedlichen Fragestellungen betrachtet werden, sondern auch innerhalb einer Frage mit Hilfe bestimmter Theorien, die es zu rechtfertigen gilt. Wählt man die Frage nach den Gründen des Untergangs des Römischen Reiches, so sind dazu verschiedenen Theorien entworfen worden, die dieses Phänomen aus unterschiedlichen Annahmen, die den Theorien zugrunde gelegt werden, zu erklären versuchen und den jeweiligen Aspekt ihrer Theorie hervorheben.[11]

Es gibt Differenzen zwischen Ergebnissen aus der Wahrnehmung und denen aus der Wissenschaft. Warum ist es wichtig nach der Differenz zu fragen? Wissenschaft beschreibt eine Hervorhebung gefragter Aspekte durch eine nachdenkende Betrachtung. Nicht erfasst werden die Teile des Wahrnehmungsgegenstandes, in die die hervorgehobenen Teile eingebettet und mit denen sie verwoben sind. Die Differenz macht einerseits eine vertiefte Hervorhebung von befragten Zusammenhängen deutlich und verweist andererseits auf deren fehlende Einbettung und Auswirkungen in der Ganzheit des Wahrnehmungsgegenstandes. Der Verweis auf die Einbettung eines bestimmten hervorgehobenen Aspektes ist in der Medizin bekannt. Die Erkenntnis eines Zusammenhangs wird immer eingebettet gesehen in die Ganzheit des individuellen Patienten einschließlich des individuellen Gesamtzustandes.

---

9 Fischer (2007).

10 Kröplin, S. 11.

11 Hübner (1978), S. 308 ff., bes. S. 354 ff.

Es gibt eine Erklärungslücke zwischen Wahrnehmungs- und erklärendem Wissen; nach ihr zu fragen, macht Sinn, wenn klar ist, woran eine Lücke gemessen werden sollte. Ein Wissen aus Wahrnehmung lässt ein fortschreitendes vielfältiges Erklärungswissen zu, ohne dass dessen Begrenzung absehbar wäre; das Gefühl des Schmerzes führt in obigem Beispiel zu einem erklärenden Wissen neuronaler Prozesse, die weiter untersucht werden könnten, ohne an ein Ende weiterer erklärender Erkenntnisse zu gelangen. Es gibt also unter wissenschaftlichen Aspekten Unerklärtes, das nach Erklärung verlangt.

Reduktion

Der Reduktionist möchte Mensch und Natur vollständig durch die Naturwissenschaft beschreiben, d.h., nach seiner Ansicht gibt es keine Erfahrungen, die sich nicht wissenschaftlich vollständig erklären lassen.[12] Auch Subjektives wie Gefühlszustände, Gedanken und Erlebnisse ebenso wie Bewusstseinserscheinungen sollen auf physiologische Prozesse rückführbar sein. Kanitscheider, der einen radikalen Reduktionismus vertritt, beschreibt z.B. die Zuneigung zweier Menschen zueinander als ein psychoneurodendokrines Phänomen, bei dem endogene Wirkstoffe auf männlicher wie weiblicher Seite eine Steuerfunktion auf das ausüben, was die Betroffenen als Liebe empfinden.[13] Auf die Frage, warum gerade bei der Begegnung zweier bestimmter Menschen diese physiologischen Prozesse einsetzen und bei anderen nicht, gibt diese Theorie keine Antwort; ebenso wenig darauf, warum bei einer Begegnung dieser physiologische Prozess einsetzt und nicht ein anderer wie Antipathie oder Hass. Es hängt wohl von der augenblicklichen Situation wie von den Individuen ab, ob der eine oder ein anderer Prozess eintritt, ob er immer in der gleichen Weise entsteht, wenn sich die beiden Menschen begegnen oder zu unterschiedlichen Zeitpunkten in unterschiedlicher Weise. Emotionen, die in einer Wahrnehmung während einer Begegnung entstehen und sie begleiten, bewerten die Wahrnehmung des anderen und erst aus diesem Bewertungsergebnis entsteht ein, die Emotion der Liebe begleitender, physiologischer Prozess. Die Gesetzmäßigkeit des physiologischen Prozesses allein wird die jeweils unterschiedliche Begegnungssituation nicht abbilden können.[14] Liebe lässt sich nicht auf einen chemischen Prozess reduzieren, weil dieser keine hinreichende Bedingung für Liebe ist, denn ungeklärt ist, welcher Prozess es sein soll, ob es ein oder verschiedene verschränkte Prozesse sind. Ein chemischer Prozess ist aber eine notwendige Bedin-

12 Vgl. zum Reduktionismus: Kather, S. 239 ff. u. Ströker (1990), S. 41.

13 Kanitscheider, S. 3 ff.

14 Heisenberg (1984/85), Bd. I., S. 276) wendet sich gegen die Vorstellung der Abbildbarkeit der Erkenntnisakte auf Gehirnprozesse. Er meint, dass die Gedankenkette auch bei mehrfacher Wiederholung nicht genau der vorausgegangenen Gesamtsituation des Individuums entspricht, wie es bei gleich bleibenden physikalisch/chemischen Gesetzmäßigkeiten zum Ausdruck kommt.

gung für Liebe, wie Damasios Beobachtungen bei Hirnverletzten zeigten; wenn solche Prozesse wegen Verletzungen nicht möglich sind, fehlen Emotionen. Die Reduktion auf eine Theorie erfasst nicht das ganze wahrgenommene Phänomen.

Einwände gegen einen Reduktionismus sind: Eine Theorie erfasst nicht das Subjektive und Individuelle, das eine Naturwissenschaft durch Objektivierung und Rationalisierung ausschließt. Außerdem müsste eine reduktionistische Theorie in der Lage sein, alle möglichen Theorien über die Vielfalt der Aspekte auf eine grundlegende Theorie zurückzuführen. Ob das für eine unbegrenzte Vielfalt der Aspekte möglich ist, scheint zweifelhaft.

Das Ideal eines Reduktionismus wäre eine Rückführung aller wissenschaftlichen Erkenntnis auf eine grundlegende Wissenschaft. Von ihr würde eine einheitliche Sicht auf die Wirklichkeit erwartet.

Das Beispiel des Wassers hat aber gezeigt, dass eine einheitliche wissenschaftliche Sicht auch nur Aspekte des Wahrgenommenen erschließt.

Präparation

In welchem Umfang Gesetzmäßigkeiten der Physik ein Wahrnehmungswissen der Natur erfassen, erläutert Ludwig anhand des Begriffs der Präparation physikalischer Erkenntnis. Diese sei ein Ergebnis aus dem Zusammenwirken von erdachten, ausgewählten Theorien und Versuchsanordnungen, die in dem Naturgeschehen Bestätigung oder Ablehnung fänden. Sie kommen zustande durch präparierte Systeme, die durch die Zielsetzung, Auswahl von Größen, Eliminierung störender Einflüsse und Einschränkungen auf Erfahrungsbereiche gekennzeichnet sind. In der Auseinandersetzung über die Frage des Determinismus bzw. Indeterminismus in der Natur zeigt er, dass jede deterministische Theorie wegen der Präparation einen großen indeterministischen Bereich enthält. Das sind Entscheidungen über eine Auswahl eines geeigneten Präparierverfahrens und die Auswahl bestimmter aus vielen möglichen Anfangswerten wie z.B. von Ort und Geschwindigkeit in der Newtonschen Mechanik. Eine Wahl der Präparierverfahren bleibt vollkommen unbestimmt und ist weitgehend frei verfügbar.[15] Eine Bestätigung von Gesetzmäßigkeiten durch die Natur ist unstrittig, die Präparation macht aber deutlich, dass Wahrnehmungswissen sich nicht vollständig erfassen lässt. Merkmale einer Präparation der physikalischen Erkenntnis, durch die bestimmt wird, was hervorgehoben und was als störend weggelassen werden soll, hat Hübner systematisiert. Er untersucht die Bedingungen, die in einem Auswahl- und Entscheidungsverfahren festgelegt werden und unter denen eine naturwissenschaftliche Fragestellung untersucht werden soll. Hübner hat diese Bedingungen in einem Kategoriensystem geordnet, mit dessen Hilfe er zeigen kann, dass in den Naturwissenschaften jede aus der Erfahrung gerechtfertigte Erkenntnis an solche Voraussetzungen gebunden

---

[15] Ludwig, S. 60.

ist. Um die experimentellen Ergebnisse in einer allgemeinen Aussage zusammenfassen zu können, sind auch hier Auswahlkriterien festzulegen, wie z.B. innerhalb welcher Toleranzen Messergebnisse gelten sollen, welche zu vernachlässigen oder wann eine Theorie als widerlegt gelten soll. Die Voraussetzungen lassen sich ändern, die unter ihrer Annahme entstehende experimentelle Erfahrung nicht.[16] Einzelergebnisse wird man nur durch eine Idealisierung zu einer allgemeinen Aussage zusammenfügen und umgekehrt eine Theorie nur durch sie an experimentelle Ergebnisse anpassen können. Eine Idealisierung muss von abweichenden Einzelerscheinungen abstrahieren.[17]

Abstraktion

Ein weiteres Merkmal der Wissenschaft, das unter dem Aspektcharakter eine Beschränkung des Wahrnehmungswissens zeigt, ist die Abstraktion, die Hervorhebung von Allgemeinem unter Vernachlässigung von Eigenschaften des Einzelnen. Die Abstraktion ermöglicht, aus bestimmten Hinsichten Zusammenhänge zwischen verschiedenen allgemeinen Aussagen zu bilden und Theorien durch Verknüpfung von Aussagen zu formulieren. Ein Nachteil der Abstraktion zeigt sich dadurch, dass durch die Hervorhebung einer Hinsicht, nach der gefragt wird, andere Merkmale des Gegenstandes aus dem Wahrnehmungswissen weggelassen werden. Wenn man den Begriff „Rabe“ z. B. durch das Merkmal schwarz festlegt, spielt es keine Rolle, ob ein wahrgenommenes Exemplar jung oder alt, krank oder gesund, männlichen oder weiblichen Geschlechtes ist. Ein Allgemeines ist zwar in der Lage, ein Einzelnes mit anderem Einzelnen zusammenzuordnen, aber nicht, ein Einzelnes in all seinen individuellen einmaligen Ausprägungen zu erfassen. Abstraktion bedeutet, das Einzelne in seiner Individualität zu vernachlässigen zugunsten gemeinsamer Merkmale mit anderen Einzelnen.

Physik untersucht prinzipiell wiederholbare Vorgänge. Heisenberg beschreibt den Vorgang so: „Abstraktion bezeichnet die Möglichkeit, einen Gegenstand oder eine Gruppe von Gegenständen unter einem Gesichtspunkt unter Absehung aller anderen Gegenstandseigenschaften zu betrachten.[...] Da völlige Gleichheit aber in den Erscheinungen praktisch nie vorkommt, entsteht die Gleichartigkeit nur durch den Vorgang der Abstraktion, durch das Herausheben eines Merkmals unter Weglassung aller anderen“.[18] Die Abstraktion erlaubt, zu einer Bestimmung und damit zu einer Erklärung eines Einzelnen durch dessen Zuordnung zu einem Allgemeinen ebenso beizutragen wie Voraussagen zu machen. Die Abstraktion ermöglicht, aus bestimmten Hinsichten Zusammenhänge zwischen unterschiedlichem Allgemeinen herzustellen, darüber Aussagen zu entwerfen und Theorien durch Verknüpfung von Aussagen zu formulieren.

---

16 Hübner (1978), S. 86 f.

17 Eine ausführliche Betrachtung der Idealisierung findet sich bei Kather (S. 184 f.).

18 Heisenberg (1984/85), S.303 f.

Durch eine Abstraktion entstehen zwei Probleme, die in Heisenbergs Zitat anklingen. Es ist erstens die mit der Hervorhebung eines Merkmals verknüpfte Weglassung aller anderen Merkmale aus dem Wahrnehmungswissen. Eine Frage war, wie sich verstehen lässt, dass ein Allgemeines auf ein Besonderes zutrifft, d.h. wie lässt sich die Anwendung eines Allgemeinen auf die Wirklichkeit der Welt begründen? Folgt man der Herausbildung eines Allgemeinen durch seinen Bezug auf Wahrgenommenes aus der Kommunikation, dann lässt sich die Anwendungsfrage auf die Wirklichkeit aus den Reizen der Umwelt erklären, die keine Beliebigkeit erlauben. Wer einen Raben gesehen und seine Benennung kennengelernt hat, wird ihn wieder erkennen können. Gleiches gilt für die Beschaffenheit einzelner Merkmale. Wer Größe, Farbe und Verhalten kennt, wird überprüfen können, ob es sich um einen Raben handelt.[19]

Zweitens kann sich die Abstraktion eines wissenschaftlichen Wissens auf zweierlei Weise zeigen. In einer Aussage, wie Nitrate fördern das Wachstum von Bäumen, ist der Begriff „Bäume“ eine Verallgemeinerung vieler wahrnehmbarer einzelner Bäume. Der Begriff abstrahiert auch von der Vielfalt eines einzelnen Baumes, von vielen seiner singulären Merkmale wie Alter, Wuchs, Sorte usw. Die Aussage bezüglich der Nitrate ist ein bestimmter Aspekt seines Wachstums, der neben vielen anderen zutrifft. Sowohl der allgemeine Begriff „Bäume“ wie auch der Aspekt „Wachstum“ erfassen aus der Vielfalt des wahrgenommenen Baumes bestimmte Merkmale und Hinsichten, alle anderen werden beiseitegelassen.

Objektivierung

Die oben erwähnte, aus einem historischen Prozess hervorgegangene, Spaltung der Wissenschaften in Natur- und Geisteswissenschaften geht zurück auf eine Unüberbrückbarkeit zwischen einem durch Rationalisierung und Objektivierung herausgefilterten Wissen und einem Wissen des Einmaligen und Besonderen, das aus einer eigenen Systematik wissenschaftlich zugänglich gemacht wird.

Ein anderes dieser Kriterien war die Beschränkung der Naturwissenschaft auf eine Objektivierung, die im Rahmen des Positivismus des 19. Jahrhunderts besonders von Mach vertreten wurde. Für ihn sind die Elemente des Psychischen und des Physischen die gleichen, die eine Wahrnehmung z.B eines Baumes ausmachen; es sind dieselben Elemente, welche das Ich und die Außenwelt erklären.[20] Es erübrigte sich, zwischen Subjekt und Objekt zu unterscheiden. Eine andere Möglichkeit zur Erfüllung der Forderung, Wissenschaft müsse objektivieren, war, das Subjekt auszuschließen. Der Beobachter sieht von sich selbst und dem Akt der Beobachtung ab und betrachtet nur die Dinge um sich herum. An Schrödingers kritischer Betrachtung dieser Entwicklung zur Objektivierung sei noch einmal erinnert: Wir

19 Kolster (2013), S. 10 f.
20 Zitiert nach Schrödinger (1989 b), S. 63; vgl. bei Kather, S. 267.

schließen das „Subjekt der Erkenntnis aus dem Bereich dessen, was wir an der Natur verstehen wollen, aus. Wir treten mit unserer Person zurück in die Rolle des Zuschauers, der nicht zur Welt gehört, welch letztere eben dadurch zu einer objektiven Welt wird."[21] Wo das geschieht, bleibt das wahrnehmende, denkende und fühlende Ich ausgeschlossen; es kann nicht thematisiert werden, weil man meinte, dass es nicht objektivierbar sei. Deshalb blieb unberücksichtigt, was zu einer Natur hinzugehört wie Erleben, Mitgefühl und alles, was eine Bedeutung in Bezug auf das anschauende, wahrnehmende und fühlende Wesen hat. Dazu gehören auch sittliche und ästhetische Werte.[22]

Objektivierung schließt das Subjekt aus oder, wie Schrödinger es ausdrückt: das anschauende, wahrnehmende, fühlende Wesen. Selbst wenn man für einen Objektivismus eintritt, ist dann ein subjektives Wahrnehmen ausgeschlossen? Da Wissenschaft auf Wahrnehmung beruht und Wahrnehmung ein subjektiver schöpferischer Akt ist, kann Schrödingers formulierte Konsequenz nicht stimmen. Was daran aus Sicht des oben behandelten Wissens über die Umwelt zutrifft, ist der Ausschluss der Emotionen und ihr bewertendes Wissen durch einen Objektivismus. Ein Objektivismus schließt ein subjektives Erleben und Fühlen aus, weil deren Ergebnisse ohne eine Selbstreferenz objektiv, d.h. unter Ausschluss des Subjektes, unzugänglich bleiben.

Aus der Sicht des Wissens als Ergebnis eines Kommunikationsprozesses kann durch eine Objektivierung bestenfalls das in den Blick genommen werden, was auf die einem Wissen vorausgehenden Reize der Umwelt zurückgeht. Da dieser Anteil, bezogen auf einen Gegenstand, sich als untrennbar von dem Anteil des Subjektiven erwiesen hat, wird Objektiviertes nur als dasjenige bezeichnet werden können, auf das als notwendige Bedingung eines Reflexionswissens nicht verzichtet werden kann. Betrachtet z.B. ein Subjekt ein Gesicht, so wird man dasjenige als ein Objektivierbares bezeichnen können, was als Informationen aus den Reizquellen der Umwelt von den einzelnen Subjekten zur Gesichtswahrnehmung verarbeitet wird und ohne die eine Gesichterwahrnehmung nicht zustande kommt. Die Reizquellen sind aber nur Bedingung und kein Ergebnis.

Ob das Merkmal des Objektivismus in der gegenwärtigen Wissenschaftskonzeption noch eine entscheidende Rolle spielt, mag aus mehreren Gründen bezweifelt werden. Erstens lassen sich „objektiv“ und „subjektiv“ aus Sicht neuronaler Reizverarbeitung der Umwelt nicht mehr eindeutig trennen. Was an einem Wahrnehmungsergebnis eine Zutat der Reize und was eine Zutat des Gehirns ist, lässt sich nicht entscheiden.[23] Zweitens kommt es heute für wissenschaftliche Ergebnisse eher darauf an, nachprüfen zu können, ob sie zutreffen, d.h. die Methode ihrer Erreichung offen zu legen. Und schließlich drittens kann heute nicht mehr auf ethi-

---

[21] Schrödinger (1989a); S. 58; Kather (S. 258) behandelt das Problem der Objektivierung als Methode der Physik aus historischer Perspektive.

[22] Schrödinger (1989a), S. 96.

[23] Roth (1997), S. 358 ff.

sche Bewertungen wissenschaftlichen Handelns verzichtet werden. Eine Möglichkeit dazu leisten ethische Orientierungen aus emotionaler Bewertung; das ist ein subjektives Moment, das im Abschnitt C erläutert wird.

Die Rolle der Mathematik

In der Systematik der Ausformulierung einer Theorie spielt neben der Bestätigung durch Beobachtung die Mathematik eine Rolle. Bojowald nennt sie als Kriterium einer Unterscheidung von Hypothesen und Theorien.[24] Während Hypothesen von einem spekulativen Charakter gekennzeichnet sind, ist der Grad der mathematischen Ausformulierung in der Theorie ausgereifter. Der Ausbau einer Hypothese zu einer Theorie beruht nicht nur auf der Mathematik, sondern auch auf einer systematischen Ordnung einer Vielfalt von Beobachtungen.

Komplizierter wird die Beziehung zwischen Wahrnehmung und Wissenschaft in der Quantenphysik, weil die Quantenobjekte nicht nur mittelbar, sondern auch nur durch Messungen wahrnehmbar sind und weil Beobachter und Objekt nicht voneinander trennbar sind. „Es macht keinen Sinn mehr, das Quantenobjekt als eine Substanz anzusehen, die die anderen Eigenschaften aktuell hat, obwohl sie zu diesem Zeitpunkt nicht messbar sind. Aus der holistischen Struktur von Quantenobjekten folgt, dass sie nicht gleichzeitig alle prinzipiell messbaren Eigenschaften besitzen, sondern immer nur einige aus einer größeren Zahl von möglichen“[25]. Als Folge hat Heisenberg die Wahrnehmung als Quelle des Wissens vernachlässigt, denn er schreibt: „Letzten Endes wird also der Materiebegriff [...] auf Mathematik zurückgeführt. Der innerste Kern alles Stofflichen ist für uns wie für Platon eine Form, nicht irgendein materieller Inhalt“[26]. Die Wahrnehmung eines Quantenobjektes ist zwar durch die unauflösliche Beziehung zum Beobachter etwas in seiner möglichen Vielfalt Unbestimmtes, aber deshalb bleiben doch die Reize des Quantenobjektes in einem Wahrnehmungsprozess wirksam. Ohne diesen Prozess könnte es keine Überprüfung seiner mathematischen Beschreibung geben.

Das Allgemeine im Erklärungszusammenhang

Wahrnehmen und Reflexion – von den Emotionen wird hier abgesehen – eröffnen uns einen Zugang zur Wirklichkeit, aber was ist die Wirklichkeit? Einstein meinte, wir wissen nicht, was „Wirklichkeit“ ist, wir kennen sie nur durch die physikalische Beschreibung.[27] Ergänzen lässt sich jetzt, dass nicht allein die physikalische Beschreibung, sondern auch die Wahrnehmung uns Wirklichkeit erschließt. Aber nur

---

24 Bojowald, S. 93f.
25 Kater, S. 198f.
26 Kater, S. 198, Heisenberg 1963, S. 397.
27 Kiefer (2017).

eine Wirklichkeit für uns Menschen. Eine Wirklichkeit aus sinnlichen Reizen der Umwelt, die über unsere sinnlichen Vermögen hinausgehen wie z.B. das Sehvermögen des Adlers oder das Geruchsvermögen eines Hundes oder das Orientierungsvermögen von Zugvögeln und Fischarten, bleibt den Menschen verborgen.

Das Allgemeine können Begriffe sein. Begriffe sind sprachliche Ausdrücke, deren Erklärungszusammenhang an die Erkenntnisvermögen der Menschen appelliert, durch Wahrnehmen und Denken die Welt zu erkennen. Die Begriffsbildung ist kein autonomer Akt, sondern unterliegt historischen Einflüssen. Begriffe als Grundlage einer Erkenntnis der Welt entstanden z.B. aus rationalem Herleitungskalkül bei Descartes oder aus empirischer Rechtfertigung der Natur bei Berkeley. Die Begriffsbildung zeigte sich als ein offener Prozess zur Herausbildung von Erklärungsbedürfnissen unter Verwendung bestimmter Voraussetzungen. Gemeinsam ist ihnen, prüfen zu können, ob ihre Ergebnisse wahr oder falsch sind.

Das Allgemeine ist ein gewusstes Maß, das seinerseits aus Wahrgenommenem herausgebildet ist. Das Allgemeine ist kein beliebiger sprachlicher Ausdruck, sondern stellt den Bezug zu einem bewussten Wahrgenommenen her. Wie aber wird ein bestimmtes Allgemeines herausgebildet und wie lässt sich verstehen, dass es auf ein Besonderes zutrifft, d.h., wie lässt sich die Anwendung eines Allgemeinen auf die Wirklichkeit der Welt begründen? Beide Fragen zu klären, ist wichtig, um zu verstehen, was Reflexion und Wahrnehmung verbindet.

Die Frage, wie ein Allgemeines herausgebildet wird, lässt sich aus seinem Erklärungszusammenhang erkennen. Reflexionswissen ist nicht nur durch die Hinsicht gekennzeichnet, unter der ein Wahrnehmungsgegenstand reflektiert wird, sondern auch durch den verwendeten Erklärungszusammenhang. Dieser könnte auch als Weltbild bezeichnet werden, aus dem ein Allgemeines zur Erklärung des Wahrnehmungswissens herausgebildet wird. [28] So ein Erklärungszusammenhang kann aus rationalen Begriffen wie in der Naturwissenschaft bestehen.

Einen anderen Erklärungszusammenhang kann die Kunst bilden. Ein frühes Beispiel dafür ist die Poetik des Aristoteles, in der er ein Allgemeines der Dichtkunst beschreibt und deutet.[29] Die Dichtkunst soll die Wirklichkeit durch allgemeine Handlungen oder Charaktere so nachahmen, dass sie Einsicht in Tugenden oder schicksalhafte Begebenheiten vermitteln könne. Der von einer Poetik vermittelte allgemeine Charakter kann nicht nur Ereignisse deuten, sondern eröffnet auch eine erklärende Perspektive für Naturerfahrung, die einer naturwissenschaftlichen Erklärung unzugänglich sind.[30]

Auch Malerei deutet Wahrgenommenes und Emotionales aus dem Erleben der Menschen. Picassos Gemälde „Guernica" reflektiert eindringlich die Verzweiflung

---

[28] Cassirer (1987) beschreibt die Abhängigkeit dessen, was man weiß, von symbolischen Formen des Wissens: Mathematik, Sprache, Kunst und Religion sind jeweils nur mögliche Formen der Erkenntnis; so auch die Wissenschaft.

[29] Aristoteles (1983), 1448 a.

[30] Whitehead, S. 93-115, bes. S. 107.

über das erlebte Kriegsgeschehen um den Ort Guernica aus dem Jahr 1937. Picassos Hinsicht verkörpert Schrecken, Ohnmacht und Entsetzen aus dem Erlebten, die im Betrachter Emotionen wecken. Ein Künstler nutzt bisweilen Symbole und Metaphern, um das Denken in eine bestimmte Richtung zu lenken. Danto erläutert am Beispiel der Pop Art, wie Kunstwerke Werte repräsentieren, die Menschen etwas bedeuten, und nennt z.B. Wärme, Nahrung, Ordnung und Zuverlässigkeit. Kunstwerke sind für ihn symbolische Ausdrucksformen, weil sie ihre Bedeutung verkörpern[31]. Die Beispiele zeigen, wie aus bestimmten Hinsichten durch die Reflexionen ein Allgemeines in der Poetik als Charakter, in der Malerei als Gefühle und Werte ausgedrückt wird.

Ein anderer Erklärungszusammenhang ist eine Religion. Eine Erklärung der Wahrnehmungen aus Mythen besaß für die Menschen im Altertum eine ähnliche Erklärungskraft wie für uns eine Erklärung aus Begriffen. Hübner zeigt am Beispiel des Denk- und Erfahrungssystems des griechischen Mythos, dass unser, auf Begriffsbildung gestütztes, wissenschaftliches Erklärungssystem weder rationaler, noch vernünftiger genannt werden kann als die Erklärungen, die mythische Göttergeschichten geben.[32] Religionen der Gegenwart bilden für viele Gläubige eine Grundlage der Erklärung und Ausgestaltung von Recht und Staat ebenso wie für Handeln und Verhalten.

Es finden sich auch unterschiedliche Erklärungszusammenhänge miteinander verbunden. Sowohl Descartes als auch Leibniz haben z.B. göttliche Allmacht mit rationalen Begriffen zu einem System zusammengefügt. Einstein, der keinen Beweis für den Entwurf seiner Änderung der Raum-Zeitstruktur in der Relativitätstheorie vorlegen konnte, begründete sie theologisch: „Ich glaube an Spinozas Gott, der sich in der gesetzlichen Harmonie des Seienden offenbart."[33] Bei Vico findet sich eine Verbindung physikalischer Begriffe mit der Dichtkunst. So berichtet er aus seinen sprachlichen Untersuchungen, dass die Physik bloße Namen definiere, die eine Poetik zur Vermittlung des Wahrscheinlichen verwendete.[34]

Es gibt Beispiele, in denen ein gleicher Wahrnehmungsgegenstand aus unterschiedlichen Zusammenhängen erklärt wird wie z.B. der Rhein. Er wird musikalisch in vielerlei Liedern beschrieben, eine religiöse bzw. mythische Erklärung findet sich bei Hölderlin und schließlich eine naturwissenschaftliche Erklärung bei Geologen. Reflektiert ist in allen Erklärungszusammenhängen der gleiche Wahrnehmungsgegenstand, dem etwas zugrunde liegt, das über die Wahrnehmung in die unterschiedlichen Erklärungszusammenhänge einfließt und diese mit prägt.

---

31 Danto (S. 56) hat über die Popart aus den 1960er Jahren geschrieben: „Kunstwerke übernehmen die Deutung von Erscheinungen des täglichen Lebens. Die aufgestapelten Suppendosen von Cambell veranschaulichen urmenschliche Werte wie Wärme, Nahrung, Ordnung und Zuverlässigkeit."

32 Hübner (1985), S. 287 ff.

33 Hoffmann (1976), S. 114.

34 Vico (1990), S. 391 ff. u. (1979), S. 43.

Giambattista Vico hat eine Erkenntnis der Natur und Geschichte aus der Entstehung der Sprache untersucht und den Anteil gezeigt, den Emotionen an der Begriffsbildung haben. Er nennt die Ursprünge der Begriffe poetische – im Unterschied zu rational begründeten –, weil sie aus der Wahrnehmung der Menschen, verbunden mit ihren Empfindungen, Leidenschaften und Affekten wie Angst, Furcht und Bewunderung, hervorgegangen seien.[35] Viele Mythen machten deutlich, dass in mythischer Zeit beobachtetes Geschehen einem göttlichen Charakter zugeordnet wurde. Beispielsweise haben die Menschen Blitz und Donner wegen ihres Schreckens vor einer gegenwärtigen Macht mit dem Wirken Jupiters erklärt; der göttliche Charakter des Namens wurde zum phantastischen Allgemeinbegriff.[36] Er entstand aus einer Verbundenheit der Wahrnehmung, hier von Blitz und Donner, mit aus dem durch diese hervorgerufenen Gefühle des Schreckens. So ein Urteil ohne Reflexion – wie Vico es nannte – entspringt einem sensus communis, aus einem allen Menschen gemeinsamen Sinn[37]. Vico begründete diese Art der Begriffsbildung aus dem Nachweis eines Gemeinsinns unter Einwirkung der Gefühle, wie er aus den Wortbildungen frühgeschichtlicher Perioden bei allen Völkern in allen Regionen auf gleiche Weise sichtbar hervortrete. Auch wenn die ethnologischen Beweise nicht immer ganz zu überzeugen vermögen, so ist doch Vicos Vorstellung, Gefühle der Menschen in eine Erkenntnis der Welt einzubeziehen, einleuchtend.[38]

Wissenschaft bedarf des Wissens aus der Wahrnehmung, deshalb lässt sich Wahrnehmung nicht auf wissenschaftliches Wissen reduzieren, ebenso wie das Wissen aus der Reflexion.

Sein und Wissen lassen sich jetzt in ihrer Begrifflichkeit so erklären:

Sein kommt jedem Gegenstand zu; abstrahiert von seinem Gegenstand ist es ein leerer Begriff. Wahrnehmung schließt ein Sein ein; ein Sein lässt sich ohne Gegenstand nicht wahrnehmen. Aristoteles spricht in seinen Untersuchungen von Seiendem und drückt die unauflösliche Beziehung von Sein zu seinem Gegenstand aus. Es erscheint berechtigt, Sein als Wahrgenommenes zu beschreiben. Diese Beschreibung ist nicht neu und erinnert an Berkleys „esse est principii".[39] Reflexion über

35 Ebd., S. 170 ff.

36 Ebd., S. 176 u. S. 209; vgl. auch Hübner (1985): Er gibt einen sehr ausführlichen Überblick über die Mythos Deutung.

37 Vico (1990), S. 93.

38 vgl. Kolster (1990, S. 100 ff.): Dort findet sich eine Betrachtung des sensus communis und ein Verweis auf dessen erste Wurzeln bei Cicero. Er hat menschliches Wissen vom sittlich Guten und Schlechten der Natur zugeschrieben, die uns Begriffe der Tugenden und der Laster in den Geist gelegt hätte (Cicero, lib. I, 44f.).

39 Berkley hat mit dieser Aussage in der Auseinandersetzung mit Lockes Erkenntnistheorie, in der er eine vom Bewusstsein unabhängigen Außenwelt annimmt, zum Ausdruck bringen wollen, dass die Dinge und Ideen für ein Subjekt existieren. Berkeley, §§ 1-15.

Sein erschließt notwendige Bedingungen des wahrgenommenen Gegenstandes, aber dieser lässt sich nicht auf Reflexionsergebnisse reduzieren, weil Reflexion immer der Wahrnehmung bedarf. Es gibt Wahrgenommenes, das sich von einer Reflexion gar nicht erschließen lässt, das metaphysisch genannt werden kann – also jenseits einer Physik.

Kann es nach den bisherigen Untersuchungen der Wechselbeziehung zwischen Sein und Wissen überhaupt eine Metaphysik als Wissenschaft geben? Kann eine Wissenschaft das Grundlegendste unserer Erkenntnis der Wirklichkeit erschließen? Wissenschaft ist ein nach bestimmten Kriterien geordnetes Wissen aus der Reflexion. Die Kriterien sind einerseits Festsetzungen dessen, was als Wissenschaft gelten soll und sind einem historischen Wandel ausgesetzt. Beispiele dafür sind ein religiöses Weltbild im Mittelalter oder ein emanzipatorischer Humanismus der Renaissance. Andererseits sind es bestimmte systematische Merkmale, die historisch unverändert geblieben sind wie z.B. Geltungs- und Begründungsanspruch ebenso wie Methoden.[40] Unabhängig von den Kriterien ist unstrittig, dass Wissenschaft der Wahrnehmung bedarf, wie sie in ihrer Begriffsbildung in ihren Bereichen der Natur- und der Geisteswissenschaft unverzichtbar ist. Unverzichtbar ist sie, wie sich aus der Betrachtung des Wissens aus der Reflexion, auf das die Wissenschaft gründet, ergeben hat.

Das der Wissenschaft Unzugängliche

Betrachtet man z.B. sinnliche Wahrnehmung aus der Sicht einer Naturwissenschaft, wie es die Wahrnehmungstheorien tun, dann zeigt sich, dass die Sinneswahrnehmung zwar die Naturwissenschaft als Rechtfertigungsinstanz ermöglicht, dass aber die Naturwissenschaft die Sinneswahrnehmung nur unter Aspekten beschreiben kann. Schrödinger hat diese Differenz so beschrieben: „Es handelt sich um die wunderliche Tatsache, dass einerseits unser gesamtes Wissen über die uns umgebende Welt, ob es nun im Alltagsleben oder durch höchst sorgfältig geplante und mühsame Laborversuche erworben ist, ganz und gar auf unmittelbarer Sinnesempfindung beruht, während andererseits dieses Wissen nicht im Stande ist, uns die Beziehungen der Sinnesempfindungen zur Außenwelt zu enthüllen"[41]. Die Neurowissenschaften haben in ihren Untersuchungen der sinnlichen Wahrnehmung zwar eine Menge Erkenntnisse zutage gefördert, aber es hat sich auch gezeigt, dass eine Erklärung aus der Perspektive eines neuronalen Prozesses „Wirklichkeit" und „Realität des Gehirns“ nicht zusammenführen kann. Ungeklärt ist bis heute auch die Frage, ob die Naturwissenschaft geeignet ist, den Übergang von neuronalen Prozessen zu Bedeutungen zu erklären, d.h., ob Bewusstseinsinhalte und Erlebnisse auf neurowissenschaftliche Prozesse rückführbar sind.

---

40 Hübner (1979), S.200 f.

41 Schrödinger (1989a), S. 125.

Wahrnehmungsgegenstände sind der Naturwissenschaft nur unvollständig, manche gar nicht zugänglich. Schrödingers Beispiel der Betrachtung eines Auges lässt die Unvollständigkeit naturwissenschaftlicher Beschreibung sowohl hinsichtlich der Aspekthaftigkeit als auch hinsichtlich solcher Merkmale deutlich werden, die von der Naturwissenschaft nicht erfasst werden können. Der Physiker betrachtet das Auge als rezeptives Sinnesorgan, das Reize aus dem Lichteinfall aufnimmt und diese, in elektrische und chemische Impulse umgewandelt, zu entsprechenden Nervenreaktionen im Gehirn führen. An dieser Beschreibung fehlt, dass das Auge nicht nur ein rezeptives Sinnesorgan ist, sondern auch etwas von ihm ausgeht, bspw. Freude oder Trauer, ein Leuchten in Kinderaugen, mit denen ein Kind dich anstrahlt, dem du ein Spielzeug gebracht hast. Die Strahlen, die von den Augen ausgehen, erfasst der Physiker nicht.[42]

Folgerungen

Die Einsicht, dass Wahrnehmung und Wissenschaft eigenständiges Wissen hervorbringen und dass ihr Verhältnis zueinander durch die logische Beziehung einer notwendigen Bedingung beschrieben werden kann, führt zu Folgerungen für das Verständnis einer Erkenntnis von Gegenständen. Eine erste ist: Wahrnehmung ist in der Lage, eine eigene „Evidenz und Kraft zu entfalten“[43], die keiner wissenschaftlichen Vermittlung bedarf. Als weitere Folgerung hat sich ergeben, dass Wissenschaft unsere Umwelt, in der wir leben, nicht vereinnahmen kann, auch wenn sie unverzichtbare Einsichten erschließt. Ein Bestreben, z.B. eine Weltformel zu finden, auf die sich unsere wahrnehmbare Welt reduzieren lässt, blieb eine Illusion; eine Weltformel dagegen aus der Kombination unterschiedlicher Theorien, bleibt denkbar, wie z.B. die Vorstellung von einer „Quantengravitation, die Relativitätstheorie und Quantentheorie konsistent vereinigt“.[44] Allerdings bedürfen auch solche komplizierten Mathematisierungen einer Bestätigung durch Beobachtung. Bojowald geht noch einen Schritt weiter und erklärt, warum eine Eindeutigkeit einer Theorie zur Beschreibung von Naturphänomenen und die Eindeutigkeit ihrer Lösung nicht miteinander kompatibel sind. Der Grund dafür sei, dass es bei den Theorien aufgrund ihrer Voraussetzungen unterschiedliche Kandidaten mit dem gleichen Ziel geben könne. Eine Lösung könne nicht eindeutig sein, weil sich aus der Datenfülle möglicher Beobachtungen beliebig viele Eigenschaften berechnen ließen.[45]

Wissenschaftliches Wissen kann das Wissen aus der Wahrnehmung auch nicht dominieren. Das zeigt sich deutlich z.B. in der Kunst. Wissenschaftliche Erschlie-

---

42 Schrödinger (1989a oder b?), S. 67 f.
43 Schantz (1998).
44 Kiefer, S. 11.
45 Bojowald, S. 323 f.

ßung einer Komposition aus ihren Strukturen und historischer Einbettung ist erhellend, kann aber nicht ein Hören der Komposition und das Erlebnis des Zuhörers ersetzen. Das Wahrgenommene – das Subjektive – behält seine Bedeutung auch dann, wenn Objektives bzw. Allgemeines zu seiner Erklärung wichtige Beiträge leistet.

Die Einsicht in das Verhältnis der Wissenschaft als notwendige Bedingung der Wahrnehmung ermöglicht ein Verständnis von Wissenschaft, das ihre große Bedeutung auf eine unvermeidliche Relativität zurückverweist. Die Wissenschaft entkleidet nicht die Wahrnehmung im Sinne einer Reduzierung ihrer Vielfalt auf rational beherrschte Zusammenhänge, sondern verleiht ihr neue Gewänder durch Einsichten in unbegrenzte notwendige Bedingungen.

Der Aspektcharakter der Wissenschaft erlaubt, die eingangs beschriebenen Unverträglichkeiten zwischen Wahrgenommenem und wissenschaftlicher Erkenntnis aufzulösen. Dies wird im folgenden Abschnitt gezeigt.

Metaphysik als erste Wissenschaft

Die Frage nach einer Erkenntnis der Welt war in aristotelischer Zeit in eine aufkommende Wissenschaft eingebettet, die sich von unserer heutigen Vorstellung von Wissenschaft unterscheidet. Damals gab es ein Bemühen um neue Begrifflichkeit, um eine Erklärung der Welt aus Prinzipien und wahrnehmbaren Elementen. Und Aristoteles hat die Frage nach einer ersten Philosophie, die über das Beobachtbare hinausgeht, beantwortet aus einem Vergleich zwischen einer Wissenschaft der Physik und der Mathematik. Physik handele von untrennbaren, aber nicht unbeweglichen Dingen – untrennbar heißt nicht ohne Stoff bestehend – und zur Mathematik Gehörendes betrifft Unbewegliches, das aber trennbar ist. Gibt es aber etwas Ewiges, Unbewegliches, Trennbares – so fragt er – so muss offenbar dessen Erkenntnis einer betrachtenden, der Physik und Mathematik vorausgehenden Wissenschaft angehören; davon handele aber die erste Philosophie.[46]

Kann Metaphysik selbst Wissenschaft sein? Eine erste Antwort ist: Wenn Metaphysik als Erkenntnis des Unbedingten angenommen wird, dann nicht, weil Wissenschaft etwas Bedingtes ist, bedingt durch Wahrnehmung. Aus der Perspektive der Eigenständigkeit eines Wissens aus der Wahrnehmung kann es keine Wissenschaft der Metaphysik geben, weil sie das Grundlegendste, die Wahrnehmung, nicht erschließen kann.

Ob Metaphysisches – ohne es zur Wissenschaft zu rechnen – erklärbar wird, wird später untersucht.

---

[46] Aristoteles (2014), S. 168 f.: Kullmann verweist in seiner umfangreichen Untersuchung der aristotelischen Wissenschaft darauf, dass der Inhalt seiner Metaphysik, die die Erste Philosophie behandelt, mit dem Sein als solchem zu tun hat (Kullmann, S.17).

Wie oben erwähnt, beklagt Adorno in der Metaphysik die Vorherrschaft des Allgemeinen, wodurch das Individuelle degradiert und die Rechte des Sinnlichen und Vergänglichen mit der Behauptung von universalen und abstrakten Wesenheiten verdeckt und ausgelöscht werden.[47] Kritisiert wird hier die Metaphysik als Wissenschaft, weil sie das Einzelne, das Sinnliche aus der Wahrnehmung, verdränge. Es bleibt die Frage, ob das Einzelne der Wirklichkeit, das Sinnliche, zu recht keine Rolle in der Metaphysik spielt.

Kann es nach den bisherigen Untersuchungen der Wechselbeziehung zwischen Sein und Wissen überhaupt eine Metaphysik als Wissenschaft geben? Kann eine Wissenschaft das Grundlegendste unserer Erkenntnis der Wirklichkeit erschließen? Erläutert wurde oben: Wissenschaft ist ein nach bestimmten Kriterien geordnetes Wissen aus der Reflexion. Die Kriterien sind einerseits Festsetzungen dessen, was als Wissenschaft gelten soll und sind einem historischen Wandel ausgesetzt. Beispiele dafür sind ein religiöses Weltbild im Mittelalter oder ein emanzipatorischer Humanismus der Renaissance. Andererseits war die Geltung einer Aussage über ihren Zusammenhang abhängig von „Festsetzungen", herausgebildet aus einer historischen Lage. [48] Beispiele dafür sind ein religiöses Weltbild im Mittelalter oder ein emanzipatorischer Humanismus der Renaissance. Wissenschaft bedarf aber auch bestimmter systematischer Merkmale, die historisch unverändert geblieben sind wie z.B. Geltungs- und Begründungsanspruch ebenso wie Methoden.[49]

Bleibt unter den Bedingungen moderner Naturwissenschaft noch Raum für Metaphysik? Lässt sich eine Wechselbeziehung von Wissen und Sein überhaupt noch metaphysisch erfassen?

Wenn es gelingt, ein Wissen über die Welt als das grundlegendste zu zeigen, nämlich als das von dem Sein eines Gegenstandes, das jede Wissenschaft voraussetzen muss, dann lässt sich dieses Wissen als metaphysisches beschreiben und seine subjektive Erklärung als Metaphysik.

Zusammenfassung und erstes Ergebnis

Nach den aristotelischen Kriterien kann es heute keine erste Wissenschaft geben, weil oben gezeigt wurde, dass jede Wissenschaft Wahrnehmbares voraussetzt, d.h., an einen Stoff aus sinnlicher Verarbeitung gebunden ist.

Und bezogen auf die Wechselbeziehung von Wissen und Sein kann eine Wissenschaft nur Aspekte vom Sein als dessen notwendige Bedingung erschließen.

Es gibt keine Metaphysik im Sinne einer ersten Philosophie.

Die Einsicht, dass Wahrnehmung und Wissenschaft eigenständiges Wissen hervorbringen und dass ihr Verhältnis zueinander durch die logische Beziehung einer

---

47 Pöltner, S. 132.
48 Hübner (1979), S.86.
49 Ders., S.200f.

notwendigen Bedingung beschreibbar wird, führt zu der Folgerung, dass Wahrnehmung in der Lage ist, eine eigene „Evidenz und Kraft zu entfalten“[50], die keiner wissenschaftlichen Vermittlung bedarf.

Als weitere Folgerung hat sich ergeben, dass Wissenschaft unsere Wahrnehmung nicht vereinnahmen kann, auch wenn sie unverzichtbare Einsichten erschließt. Hinzu kommt, dass es in der Wissenschaft eine Datenfülle möglicher Beobachtungen gibt, aus denen sich beliebig viele Eigenschaften berechnen lassen. [51] Wissenschaftliches Wissen kann das Wissen aus der Wahrnehmung auch nicht dominieren. Das zeigt sich deutlich z.B. in der Kunst. Wissenschaftliche Erschließung einer Komposition aus ihren Strukturen und historischer Einbettung ist erhellend, kann aber nicht ein Hören der Komposition und deren Wirkung auf den Zuhörer ersetzen. Das Wahrgenommene – das Subjektive – behält seine Bedeutung auch dann, wenn Objektives und Allgemeines zu seiner Erklärung wichtige Beiträge leistet.

Wissenschaftliches Wissen entsteht aus Wahrnehmen und Denken und eben nicht aus Denken allein. Aus der Relativität der Wissenschaft, bezogen auf das Fundament der Wahrnehmung, lässt sich erklären, warum unterschiedliche konkurrierende Aussagen über einen gleichen Gegenstand möglich sind wie z.B. über historische Ereignisse. Denn der Aspektcharakter erlaubt, unterschiedliche Aspekte über den gleichen Gegenstand herauszubilden. Das zeigt sich auch dort, wo wissenschaftliches Interesse den Zweck verfolgt, einen wahrnehmbaren Gegenstand herzustellen. Die Beschreibung durch die logische Beziehung erklärt, dass herstellendes Handeln ihrem Gegenstand keine Stabilität verleihen kann, weil das Wissen aus der Gesetzmäßigkeit einer Herstellung eine notwendige Bedingung ist, die keine Schwankungen ihres Produktes vermeiden kann. Die Einsicht in das Verhältnis der Wissenschaft als notwendige Bedingung der Wahrnehmung ermöglicht ein Verständnis von Wissenschaft, das ihre große Bedeutung auf eine unvermeidliche Relativität zurückverweist.

Das heißt aber nicht, dass es nach Kriterien der gegenwärtigen Wissenschaft nicht etwas Metaphysisches geben kann. Die Wissenschaft lässt Raum für ein Wissen, das metaphysisch genannt wird, weil sie nicht alles erklären kann, wie das Sein. Oder sie kann Naturgesetze zwar beschreiben, aber ihr Warum nicht erklären, ebensowenig den Kosmos, trotz mancher Versuche durch den Urknall. Hier kann sie aber nicht mehr das dem Urknall Vorausgehende erklären[52], ebensowenig wie Geburt, Tod oder die oben erwähnte Freiheit.

---

50 Schantz (1998).
51 Bojowald, S.323 f.
52 Bojowald (2009).

C. Metaphysisches Wissen

I. Sein und Wissen

Seit den aristotelischen Überlegungen, die später zu seiner Metaphysik zusammengefasst wurden, blieb die Frage des Seins in seiner Wechselbeziehung zum Wissen und Wissenschaft eine Grundfrage, eine Grundfrage der Metaphysik bis in die Gegenwart. Es ist die Frage nach dem Sein eines Gegenstands, dem Allgemeinsten, was allen Gegenständen zukommt. Aristoteles nennt als letzten Seinsgrund das Göttliche, den „Unbewegten Beweger“[1].

Zwar lässt sich Metaphysik nicht auf die Frage nach dem Sein verengen; sie blieb aber in der Geistesgeschichte metaphysischer Überlegungen die zentrale Frage[2] und beherrscht die Metaphysik bis in die Neuzeit; für Descartes war Gott noch der letzte Grund. Erst seit der Späten Neuzeit wird das Göttliche als letzter Seinsgrund verdrängt durch vorherrschende Rationalität in der Wissenschaft.

Aus den Ergebnissen der Neurowissenschaft wird deutlich, dass ein herkömmliches metaphysisches Wissen über das Sein nicht mehr überzeugen kann. Ein Wissen aus der Reflexion – wie hier über das Sein –, von seinem Gegenstand abstrahiert, erschließt eine notwendige Bedingung des Gegenstandes bzw. des Wahrgenommen. Ohne Rückgang auf den Seinsgrund und ohne Rückgang auf den letzten Grund des Wahrgenommen bleibt es Physik. Ein Wissen aus der Reflexion über das Sein kann nicht letzte Grundlage der Erkenntnis sein, weil wahrgenommenes Sein unerklärt bleibt.

Ist es gerechtfertigt, anstelle der Wechselbeziehung zwischen Sein und Wissen die Beziehung zwischen Wahrgenommenem und Reflexionsergebnis zu betrachten? Das Sein – ursprünglich als das Grundlegendste verstanden, weil es allen Gegenständen zukommt – lässt sich von seinem Gegenstand nicht abstrahieren, weil es dann ein leerer Begriff bleibt. Insofern erscheint es berechtigt, das Sein mit dem Gegenstand verschmolzen zu betrachten, und das ist das Wahrgenommene. Das Wissen wurde in seiner Wechselbeziehung mit dem Sein als nachdenkende Betrachtung des Seins verstanden und das entspricht einem Wissen aus der Reflexion. Der Begriff des Seins ohne Gegenstand ist leer. Sein lässt sich nicht denken ohne einen Gegenstand, dem es zukommt. Denn Sein heißt immer auch wahrnehmbar.

Die Wechselbeziehung von Wissen und Sein lässt sich jetzt beschreiben als eine Beziehung von Wissen aus der Wahrnehmung (Sein) und Wissen aus der Reflexion (als Frage der Metaphysik).

Hilft die alte Wechselbeziehung von Sein und Wissen heute weiter, um die Frage nach einer Metaphysik zu klären? Wenn Wahrnehmung Wissen ist und Sein Wahrgenommenes, fallen Wissen und Sein zusammen. Sein und damit auch das

1 Aristoteles (2014): Met. XII 6 u.7.

2 Wolf (S.12 ff.) beschreibt die Kontroverse der Wechselbeziehung von Wissen und Sein in der aristotelischen Metaphysik.

Wissen aus der Wahrnehmung sind nicht durch Reflexion hintergehbar, weil Reflexion Sein voraussetzt.

Aus der alten Wechselbeziehung von Sein und Wissen lassen sich keine über das Sein zurückgehende Grundlagen erschließen. Gibt es dann überhaupt noch eine Möglichkeit, letzte Grundlagen unseres Wissens von der Welt zu ergründen?

II. Metaphysisches Wissen zwischen Wahrnehmung und Wissenschaft

Das der Wissenschaft Unzugängliche

Trotz der vielen Wissenschaftskonzeptionen sind die Fragen der herkömmlichen Metaphysik unbeantwortet geblieben. Naturwissenschaft kann nicht alle Phänomene erklären. Sie kann die Frage nach dem „Warum" eines Naturgesetzes nicht beantworten. Wissenschaftlich unzugänglich ist in der Physik eine Antwort auf die Frage nach dem Warum einer Wahrnehmung. Man kann einen Himmelskörper beschreiben, aber nicht erklären, warum es ihn gibt oder warum auf der Erde Leben entstanden ist.

Kemmerling weist darauf hin, dass wir dann, wenn wir einen Menschen ausschließlich als ein komplexes Zellgebilde betrachten, mannigfache Aspekte dessen ausblenden, was zu ihm als Mensch hinzugehört. Abstraktionen sind vernünftig, aber sie sträuben sich dagegen, einen Menschen ausschließlich als ein Zellgebilde zu behandeln, weil er dann nicht mehr als ein Mensch behandelt würde.[1] Diese Methode erfasst nur das Allgemeine und nicht das Einmalige und Besondere. Subjektives wie Schönheit der Natur, Bedeutungen und Werte für den Menschen bleiben ihr verschlossen. Ihre Methode erlaubt darüber hinaus nur, das zu erfassen, was quantifizierbar ist wie bestimmte Eigenschaften z.B. Größe, Masse oder Impuls. Erleben, Kreativität oder Zielbestimmtheit der Natur bleiben ihr unzugänglich.[2] Und da die naturwissenschaftliche Methode Einsichten in tatsächliche Zusammenhänge erschließt, kann sie keine Wege eröffnen, von dem was ist, zu dem, was sein soll.[3] Unerklärbar bleiben ihr:

- Das Warum der physikalischen Gesetzmäßigkeiten.
  „Warum ist der Kosmos nach diesen und nicht nach anderen Gesetzen geordnet?"
- Wunder. Diese bezeichnen Ereignisse, die sich naturgesetzlich nicht erklären lassen. Wenn das möglich wäre und sie, vom einzelnen Ereignis abstrahiert, auf eine Naturgesetzlichkeit zurückgeführt werden könnten, verlören sie ihre Einmaligkeit und wären keine Wunder mehr.
- Der Zufall. Der Naturwissenschaftler Staudinger erläutert ihn an einem biologischen Experiment der Züchtung von Bakterien. Ihr Ergebnis sei Zufall, weil es

---

1 Kemmerling, S. 236.

2 Kather (S. 376 f.) behandelt das enge Verhältnis von Theorie und physikalischer Methode an einem Beispiel Whiteheads.

3 Vgl. Einstein (1979), S. 37 f.; s. auch Whitehead (1984a), S. 227 ff. u. Kather, S. 374 f.

keine naturgesetzliche Vorhersage erlaubt. Vom Zufall hinge ab, wie die Welt, die Lebewesen, die Geschichte, die je einzelne Geschichte geworden ist.[4]

- Die Ganzheit. Schrödingers Beispiel der Betrachtung eines Auges lässt die Unvollständigkeit naturwissenschaftlicher Beschreibung sowohl hinsichtlich der Aspekthaftigkeit als auch hinsichtlich solcher Merkmale deutlich werden, die von der Naturwissenschaft nicht erfasst werden können. Der Physiker betrachtet das Auge als rezeptives Sinnesorgan, das Reize aus dem Lichteinfall aufnimmt und diese, in elektrische und chemische Impulse umgewandelt, zu entsprechenden Nervenreaktionen im Gehirn führt. An dieser Beschreibung fehlt, dass das Auge nicht nur ein rezeptives Sinnesorgan ist, sondern auch etwas von ihm ausgeht wie Freude oder Trauer, ein Leuchten in Kinderaugen, mit denen ein Kind dich anstrahlt, dem du ein Spielzeug gebracht hast. Die Strahlen, die von den Augen ausgehen, erfasst der Physiker nicht.[5]
- Emergenzen. Gumbrecht bezeichnet als solche Phänomene, die sich nicht von einer Theorie erfassen lassen, d.h. von einer Theorie, die Vorhersagen erlaubt. Als Beispiel nennt er die Quantenmechanik, die nach einer Unbestimmtheitsrelation keine Vorhersagen über das Verhalten eines Elektrons erlaubt; [6] vorhersagbar sind nur Wahrscheinlichkeiten.[7]

Ebenso wenig sind in den Geisteswissenschaften schöpferische Prozesse begrifflich zu erklären:

- Es bleibt eine Differenz zwischen der Faszination, eine Musik zu hören, und ihrer musikwissenschaftlichen Beschreibung. Eine musikalische Komposition oder ein Bild in der Malerei lassen sich wahrnehmen, eine wissenschaftliche Betrachtung kann Aspekte erschließen, aber nicht das Erlebnis des Kunstwerkes auf den Begriff bringen.
- Ein anderes Beispiel wissenschaftlicher Erschließung ist die Willensfreiheit, die manche Neurowissenschaftler auf neuronale Prozesse zu reduzieren versuchen. Überzeugend gelungen ist das bisher nicht, weil allgeneine neuronale Beobachtungen vom subjektiven Moment des Probanden abstrahieren. Eine Erste-Person-Perspektive lässt sich nicht auf eine Dritte-Person-Perspektive reduzieren, weil es subjektive Momente des Einzelnen sind, die in der Willensentscheidung und Begründung eine Rolle spielen.[8] Die Herausbildung einer einzelnen Willensbildung einer bestimmten Person in deren bestimmten Handlungssituation lässt sich nicht auf neuronale Prozesse reduzieren. Sie bilden eine notwendige Bedingung, wie später gezeigt wird.

---

4 Staudinger, S.251 ff.
5 Schrödinger (1989 a oder b?), S. 67 f.
6 Gumbrecht (2003), S. 38.
7 Kiefer (2009), S. 85.
8 Vgl. Kolster (2011), S.108 ff.

- Ein historisches Ereignis wie z.B. der Untergang des Römischen Reiches wird wahrgenommen; seine Erklärungen orientieren sich an Aspekten, ohne das gesamte wahrgenommene Geschehen auf den Begriff bringen zu können.[9]

Zwischen einem Wissen aus der Wahrnehmung und dem Wissen der Wissenschaft ergibt sich eine Differenz. Es ist der Teil des Wissens aus der Wahrnehmung, der einer Wissenschaft unzugänglich ist. Gibt es eine Möglichkeit, Wirkliches, das von einer Wissenschaft nicht erklärt werden kann, so zu erklären, dass Sein und Wissen in ihrer Wechselbeziehung einsichtig werden?

Ein Bedürfnis nach einer Erklärung der über die Erfahrungswissenschaft hinausgehenden Welt ist aber geblieben, wie eine Fülle von Beiträgen zur Metaphysik in der gegenwärtigen Literatur zeigt.[10]

Ergebnisse der Neurowissenschaft verdeutlichen, dass ein Wissen herkömmlicher metaphysischer Aspekte wie das über das Sein nicht mehr überzeugen kann. Ein Wissen aus der Reflexion – wie hier über das Sein –, das von seinem Gegenstand abstrahiert, erschließt eine notwendige Bedingung des Gegenstandes bzw. des Wahrgenommen. Ohne Rückgang auf den Seinsgrund und ohne Rückgang auf den letzten Grund des Wahrgenommen bleibt es Physik. Ein wissenschaftliches Wissen über das Sein kann nicht letzte Grundlage der Erkenntnis sein, das Wahrgenommene selbst bleibt unerklärt. Auch wenn sich Metaphysik nicht auf die Frage nach dem Sein verengen lässt, bleibt doch die Frage nach dem Sein in metaphysischen Überlegungen die zentrale Frage.

Bleibt unter den Bedingungen moderner Naturwissenschaft noch Raum für Metaphysik? Lässt sich eine Wechselbeziehung von Wissen und Sein überhaupt noch metaphysisch erfassen?

Metaphysisches Wissen

Bisher entstand Metaphysik aus der Perspektive des Subjekts; ihr allgemeiner Geltungsanspruch war immer auf das Subjekt bezogen. Aus Sicht der Neurowissenschaften entsteht aber das Wissen eines Subjekts aus einer Kommunikation mit der Umwelt und damit tritt der Gegenstand gleichrangig mit dem Subjekt in den Erschießungsprozess des Wissens ein. Bisher wurde Metaphysik auf Erkenntnisleistungen des Subjekts reduziert und gefragt, auf welche letzten grundlegenden Einsichten zurückgegangen werden kann. Wer ein Wissen über die Wirklichkeit nur auf Begriffe bzw. Theorien stützt, dem bleibt Manches aus der Wahrnehmung unerklärt.

---

9 Hübner (1979), S. 323 ff.

10 In den Beiträgen in Coriandos Sammelband wird überwiegend ein Bedürfnis nach metaphysischen Erklärungen deutlich.

Die behandelten systematischen Merkmale der Wissenschaft erklären die Differenz zwischen Wahrnehmungswissen und Wissenschaft. Metaphysik wurde bisher verstanden als Erklärungsgrundlagen der Welt, die eine „Physik" nicht erschließen kann; sie bezog sich auf das Grundlegendste, was wir wissen können, z.B. auf das Sein. In der neuen Betrachtungsweise wird Metaphysik bezogen auf das, was wir zwar wissen, aber nicht wissenschaftlich erklären können. Es ist die Differenz eines Wissens zwischen Wahrnehmung und Reflexion bzw. Wissenschaft. Ist das veränderte Verständnis einer Metaphysik gerechtfertigt?

Die Differenz des Wissens wird metaphysisches Wissen genannt, weil

- es bezogen ist auf ein Wissen von der Welt,
- es das grundlegendste Wissen, d.h. das jeder Wissenschaft grundlegendste beschreibt,
- es einer Wissenschaft unzugänglich ist und deshalb keine Metaphysik ist.

Die Wissenschaft lässt damit Raum für ein Wissen, das metaphysisch genannt wird, weil nicht alles erklär werden kann, was wir aus der Wahrnehmung wissen.

Gibt es eine Möglichkeit, Wirkliches, das von einer Wissenschaft nicht erklärt werden kann, so zu erklären, dass Sein und Wissen in ihrer Wechselbeziehung einsichtig werden?

Wissenschaft erfasst nur das Allgemeine und nicht das Einmalige und Besondere. Subjektives wie Schönheit der Natur, Bedeutungen und Werte für den Menschen bleiben ihr verschlossen. Ihre Methode erlaubt darüber hinaus nur, das zu erfassen, was quantifizierbar ist wie bestimmte Eigenschaften z.B. Größe, Masse oder Impuls. Erleben, Kreativität oder Zielbestimmtheit der Natur bleiben ihr unzugänglich.[11]

Zusammenfassung

Begründung des Metaphysischen:

Es gibt kein Denken ohne Wahrgenommenes.
Der Versuch, es auszuschließen, führt zu einem unendlichen Regress.

Ein Wahrgenommenes lässt sich nicht vollständig durch Begriffe erfassen, weil ein Begriff etwas Allgemeines, vom Einzelnen abstrahiert, und Wahrgenommenes etwas Einzelnes ist.

Wissenschaft bedarf der Wahrnehmung, aber Wahrnehmung nicht der Wissenschaft, weil sie der Wissenschaft zugrunde liegt.

---

[11] Kather (S. 376 f.) behandelt das enge Verhältnis von Theorie und physikalischer Methode an einem Beispiel Whiteheads.

Das Wahrgenommene lässt sich nicht auf Wissenschaft reduzieren; das gilt auch für das Grundlegendste einer Erkenntnis, nämlich das Sein. Die vollständige Aneignung der Gegenstände der Welt, wie es sich Metaphysik aus dem Grundlegendsten der Erkenntnis vorstellt, kann Wissenschaft nicht leisten.

Wissenschaft erschließt Aspekte des Wahrgenommenen, weil ein Einzelnes nicht verallgemeinert werden kann, sondern nur solches Allgemeines, das auf vieles Einzelne zutrifft.

Aussagen, die Wissenschaft erschließt, sind notwendige Bedingungen des Wahrgenommen aber keine hinreichenden, weil nicht auszuschließen ist, dass eine begriffliche Aussage auch auf anderes Wahrgenommenes zutreffen könnte.

Wahrgenommenes Wissen, das von einer Wissenschaft nicht erklärt werden kann, wird metaphysisches genannt, weil es das grundlegendste Wissen ist.

Das Metaphysische ist einer wissenschaftlichen Erklärung unzugänglich, aber es lässt sich aus subjektiver Perspektive erklären.

III. Die Bedeutung des Subjektiven in Erklärungen

Gibt es eine Möglichkeit, Wirkliches aus der Wahrnehmung, das einer Wissenschaft unzugänglich ist, so zu erklären, dass Sein und Wissen in ihrer Wechselbeziehung einsichtig werden?

Das Subjektive

Das Metaphysische lässt sich subjektiv erklären. Subjektiv ist die Betrachtungsweise eines Gegenstandes, deren Ursprung im Subjekt liegt und ein Wissen hervorbringt, das nur für das Subjekt gilt. Es ist das Wissen aus einer Ersten-Person-Perspektive, während Objektivität sich auf Ergebnisse beruft, deren Geltung für alle Betrachter beansprucht wird, eine Dritte-Person-Perspektive. Subjektivismus wird hier nicht in einem radikalen Sinn verstanden, innerhalb dessen Begriff, Urteile und Erkenntnis wesentlich durch das Subjekt geprägt sind. Gegen so einen radikalen Subjektivismus sprechen die Einflüsse der Umweltreize, deren Einwirkungen auf ein Wissen ein Subjekt ausgesetzt ist. Sowohl in der Wahrnehmung wie auch in der emotionalen Bewertung ist das Subjekt der Akteur, aber eben immer unter den Einflüssen der Umweltreize. Dieser Subjektivismus verdrängt keinen Objektivismus, weil in vielen Fällen beide Positionen miteinander verträglich sind. Gezeigt wurde sowohl in den Wahrnehmungsakten wie auch in der emotionalen Bewertung, dass die Ergebnisse keine subjektiv beliebigen sind, sondern deren Geltung alle Subjekte beanspruchen können.[1]

In jeder objektiven Erkenntnis ist auch Subjektives enthalten. Aber unabhängig von einer Trennung zwischen Subjektivität und Objektivität und auch unabhängig von ihrer Verschmelzung in einer Erkenntnis, wie sie geistesgeschichtlich in unterschiedlichen Interpretationen diskutiert wurde, geht es hier um eine Subjektivität, die ohne Anspruch auf Allgemeingültigkeit verstanden wird.

Subjektiv erklären meint, die Erklärungsergebnisse beziehen sich auf die Sichtweise des Erklärenden und haben keinen Anspruch auf Allgemeingültigkeit.

Das Subjektive hat für den Menschen eine genauso große Bedeutung wie das allgemeingültige Objektive. Das Subjektive ist eine unverzichtbare Orientierung des Menschen in der Welt,

- wie aus dem subjektiv schöpferischen Prozess der Wahrnehmung hervorgeht,
- wie in den emotionalen subjektiven Bewertungsprozessen der Wahrnehmung deutlich wird,

---

1 Vgl. die Begründung einer Ethik aus Emotionen und Vernunft, in: Kolster (2013), S. 62.

- wie das Subjektive in der Willensfreiheit zeigt,
- wie es subjektive Orientierungen im ökonomischen Handeln zeigen,
- wie es sich in subjektiven Erklärungen des Metaphysischen zeigt, wo Wissenschaft nicht hinreicht.

Das Subjektive in der Bewertung des Wahrgenommen aus Emotionen

Wir leben und handeln unter den Einflüssen unserer Umwelt. Zur Gestaltung unseres Lebens wird sich jeder mit seiner Umwelt auseinandersetzten müssen. Um das tun zu können und um nicht nur intuitiv oder nach angeborenen Regulationen zu reagieren, ist es wichtig, die Umwelteinflüsse zu kennen und ein Wissen über die Umwelt zu erlangen. Unsere Beziehung zur Umwelt, aus der das Wissen hervorgeht, ist unter unterschiedlichen Perspektiven untersucht worden, nämlich aus biologischer, erkenntnistheoretischer und neurowissenschaftlicher, deren Ergebnisse nicht miteinander kollidieren dürfen, um zuverlässiges Wissen zu erlangen. Unter biologischem Aspekt hat Maturana seit der zweiten Hälfte des 20. Jahrhunderts neue Erkenntnisse über den Austausch eines Organismus mit seiner Umwelt beschrieben. Der Austausch umfasst Materie und Energie und dient einer Selbsterhaltung des Subjektes.[2] Erkenntnistheoretisch ist es der Konstruktivismus.

Der Individualismus hat die Fremdbestimmung des Menschen und ihre Einmauerung in beherrschende Ordnungszwänge gesprengt. „Das Rollenmodell des sozialen Lebens, nach dem das eigene Leben als Kopie nach der Vorgabe traditioneller Blaupausen gelebt werden könnte, läuft aus".[3] Die Befreiung des Individuums aus den Zwängen tritt im politischen Bereich hervor in Gestalt der Menschen- und Grundrechte ebenso wie in Begründungskonzepten staatlicher Verfassungen. Ihr Geltungsanspruch wird begründet aus individueller Zustimmung, wie es in Vertragskonzeptionen von Hobbes bis Rawls deutlich wird. Im Bereich ethischer Orientierungen ist es wegen dieser Befreiung nicht nur undenkbar geworden, einen Individualismus außer Acht zu lassen, sondern er fördert die freiwillige Selbstbindung des Individuums.

Ein Individualismus wird nicht zu schrankenloser Freiheit des Handelns führen können, weil er seine Grenze in der individuellen Selbstbestimmung des Anderen findet. Die Selbstbegrenzung des Handelns lässt sich vom Individuum einsehen, weil es in eine Gemeinschaft mit anderen hineingeboren ist. Es ist die Gemeinschaft von Familie, politischer und sozialer Einbindungen, auf die es für die eigene Lebensgestaltung kaum verzichten möchte. Beck nennt es eine „Individualisierung mit- und gegeneinander"[4]. Subjektives Handeln und Verhalten aus eigenen Bedürfnissen und gegenüber Dritten bedarf einer näheren Betrachtung, um die Be-

2 Maturana (1987), S.94 ff.
3 Beck, S. 4.
4 Ebd., S. 3.

deutung des Subjektiven zu erkennen, aber auch um zu beurteilen, wie die Beziehung zwischen Individuum, dem Anderen und der Gemeinschaft so verstanden werden kann, dass sie ethisch begründet und allgemeingültig ist, ob Subjektives überhaupt mit einer allgemeinen Geltung verträglich ist.

Emotionen kommen in dem subjektiven Handeln und Verhalten eine unverzichtbare Bedeutung zu. Deshalb werden sie hier genauer betrachtet. Wie bei der Wahrnehmung entstehen Emotionen aus einer Kommunikation eines Individuums mit seiner Umwelt. Der Grund dafür ist ihre Beziehung zu Wahrnehmungen. Sie bewerten die Einflüsse der Umwelt, die zu Wahrnehmungen verarbeitet werden. Die Bewertung ist für Leben und Gedeihen eines Individuums unverzichtbar.[5]

Außer den Reizen der Wahrnehmung gibt es emotionale Reize der Umwelt, die von Neurowissenschaften untersucht, nachgewiesen und erschlossen worden sind. Die Verarbeitung emotionaler Reize geschieht im limbischen System, eine subcorticale Region.[6] Es gibt eine zweifache Auswirkung emotionaler Reize: eine körperliche und eine kognitive. Durch das limbische System werden einerseits körperliche Reaktionen des autonomen Nervensystems ausgelöst, andererseits wirken vom limbischen System ausgehende Erregungszustände auf den frontalen und limbischen Cortex ein, die sich auf Verhalten und Handeln auswirken.[7] Die Körperreaktionen wie Schweißausbruch, Erröten oder Herzklopfen sind Reaktionen des autonomen Nervensystems. Parallel zu diesen autonomen Reaktionen gibt es – abhängig von der biologischen Ausstattung – eine kognitive Verarbeitung der Reize. Z.B. könnte ein Reiz einen körperlichen Erregungszustand wie Herzklopfen hervorrufen und durch ein Bewusstwerden des Reizzustandes im Zusammenhang mit einer Wahrnehmung wie Dunkelheit zu einem Erlebnis von Angst führen.

Emotionen sind körperlich erfahrbare Reaktionen und zugleich unter Beteiligung des Gehirns erlebbare Gefühle. Sie bedürfen keiner Theorie, um erfahrbar zu sein. Ploog hat darauf hingewiesen, dass Emotionen für ein Individuum nicht erlernbar, sondern angeboren sind. Was erlernt und im Gedächtnis gespeichert werden kann, das sind die Gegenstände, Ereignisse, Personen und soziale Konstellationen, die bestimmte Emotionen ausgelöst haben.[8] Emotionen benennen Zustände wie Lust, gehobene Stimmung, Euphorie, Ekstase ebenso wie sie Unlust, Traurigkeit, Verzweiflung, Depression, Furcht, Angst, Ärger, Feindseligkeit und Gelassenheit bezeichnen. Neben dem Begriff der Emotionen wird auch von Gefühlen, Empfindungen und Gemütsbewegungen gesprochen, bisweilen wird zwischen

---

5 Eine ausführliche Behandlung der Emotionen als Bewertungsinstanz von Wahrnehmungen findet sich in Kolster (2006), S. 54 ff.

6 Vgl. Kandel/Schwartz (S. 725): Das limbische System ist keine regional exakt abgegrenzte Region, sondern besteht aus verschiedenen Teilen, u. a. dem Hippocampus, dem Hypothalamus und der für die emotionalen Reaktionen wichtigen Amygdala; vgl. auch *Singer* (1999), S. 277.

7 Kandel/Schwartz, S. 623; vgl. auch Roth (1997), S. 306; Ploog (1999), S. 543: Er nennt die Amygdala einen Knotenpunkt in der Anatomie der Emotionen.

8 Ploog (1999), S. 548.

ihnen unterschieden. Da bisher keine exakte Definition der Emotionen von Neurobiologen vorgelegt worden ist, soll die folgende Beschreibung genügen: Es sind Gefühle und Stimmungen, ausgedrückt in Reaktionen und Verhalten des Körpers und ihrer geistigen Verarbeitung.[9]

Lassen sich Emotionen so voneinander unterscheiden, dass von ihren differenzierten Ausprägungen her ein Rückschluss auf ihre Quellen in der Umwelt möglich wird? Man findet zunächst Unterscheidungen zwischen fundamentalen primären Emotionen und sekundären. Als fundamental werden solche bezeichnet, die eine spezifische subjektive Qualität aufweisen und für jede von ihnen wird ein spezifisches neuronales Entladungsmuster angenommen. Es werden unterschiedlich viele fundamentale Emotionen genannt, z. B. eine Zahl von vier: Erwartung, Wut, Angst und Panik; an anderer Stelle sind es acht: Interesse, Überraschung und Freude als positive Emotionen und Ärger, Angst, Scham, Ekel und Wut als negative Emotionen; aus Untersuchungen des psychiatrischen Bereiches werden sieben genannt: Überraschung, Ärger/Wut, Angst, Freude, Traurigkeit, Abscheu und Verachtung, später traten noch Neugier und Anerkennung hinzu. Auf den Einwand, dass sich menschliche Gefühle nicht in den aufgezählten fundamentalen Emotionen erschöpfen, nahm man zusätzlich sekundäre Emotionen an, die aus Mischungen der primären Emotionen hervorgehen. Während Ekman fünfzehn Emotionen unterscheidet: Glück/Vergnügen, Ärger, Verachtung, Zufriedenheit, Ekel, Verlegenheit, Aufgeregtheit, Furcht, Schuldgefühl, Stolz, Erleichterung, Trauer, Befriedigung, Sinneslust und Scham, bezweifelt Ploog, dass eine Einteilung in primäre und sekundäre Emotionen überhaupt dem heutigen neurobiologischen Systemverständnis entspricht. Er hält ein Muster der Verästelung für angemessener, durch das für Emotionen spezifische zerebrale Repräsentanz an einem Ort herausgebildet wird. [10] Diese Auffassung würde für eine große unbeschränkte Vielfalt der Emotionen sprechen, die ein Nebeneinander, eine Überlagerung und Mischungen zulässt. Hinsichtlich ihrer Repräsentanz im Gehirn würde das bedeuten, dass die spezifischen Neuronen ebenfalls nicht einer abgegrenzten Einteilung gegeneinander unterliegen, sondern eine Vielfalt bilden, ähnlich den Wahrnehmungsprozessen, bei denen sich als unwahrscheinlich herausgestellt hat, das jedem Merkmal ein Neuron entspricht. Stattdessen nimmt man Neuronenpopulationen an, die eine Vielfalt von Reizen repräsentieren können. Auch wenn man einerseits keine Zuordnung von Neuronen zu bestimmten Emotionen durchgehend nachweisen kann, wird andererseits nicht bestritten, dass differenzierte Reize ihnen zugeordnete zerebrale Prozesse bewirken, die bestimmte Emotionen repräsentieren.[11]

---

9 Damasio (1997, S. 193) beschreibt Gefühle als eine Zusammensetzung aus geistigem Bewertungsprozess und Körperzustand.

10 Ploog (1999), S. 533 ff.

11 Damasio (1997, S.176 f.) erläutert, dass neurobiologische Grundvorgänge partielle Erklärungen für Gefühle liefern können.

Emotionen sind Ausdruck einer Information über die Umwelt. Ihre Ergebnisse lassen sich der Wahrnehmung und der Reflexion, vergleichbar als Wissen über die Umwelt, bezeichnen. Wahrnehmungen und Emotionen bedürfen keiner weiteren Kriterien aus einer reflexiven Betrachtung wie z. B. einer Zielsetzung oder Methoden. Einem Emotionswissen wird eher durch eine wissenschaftliche Betrachtung seine unmittelbar präsente Bewertungskraft genommen. „Wo es vernichtend brennt, ist der Notruf kein Gegenstand linguistischer Analyse; und wo er linguistisch bestimmbar wird, brennt es nicht".[12] Das Wahrnehmungswissen aus den akustischen Signalen erhält erst aus dem bewertenden Emotionswissen der Not seine entscheidende Aussagekraft, die das Gefühl der Angst des Rufers und dessen Hilfsbedürftigkeit ausdrückt und dem Hörer des Notrufs durch Empathie die Angst übermittelt. Wenn dieses Emotionswissen zum Gegenstand wissenschaftlicher Betrachtung gemacht wird, verliert es seine unmittelbar präsente bewertende Kraft. Eine Reflexion mag den Notruf durch erläuternde, allgemein zutreffende Aussagen erklären können, für einen den Notruf unmittelbar wahrnehmenden Menschen spielen diese Aussagen aber keine Rolle. Für diesen tritt eine Evidenz sinnlicher Wahrnehmung und Emotion hervor. Während ein Reflexionswissen eine Überprüfbarkeit seiner Geltung aus Gründen verlangt, ist es bei Wahrnehmungen und Emotionen eine Gewissheit der Bewährung.

Wissen aus der Wahrnehmung ist ein subjektives Wissen. Aber nachgewiesene Ergebnisse innerhalb z.B. der Gattung Mensch im Unterschied zu Lebewesen mit anderen Ausstattungen lassen zu, Wahrnehmungsergebnisse aus der Reizverarbeitung als zutreffend oder unzutreffend zu verallgemeinern. Eine Verallgemeinerung emotionaler Bewertungen lässt sich aus dem Kriterium der Bedürfnisse einsehen.

Emotionen vermitteln wichtige Informationen. Liebe und Akzeptanz sind z. B. unverzichtbar für soziale Systeme, die Unfähigkeit, Furcht zu empfinden, führt zur Lebensuntüchtigkeit. Allgemeiner ausgedrückt: Wer nicht fühlt, kann auch nicht vernünftig handeln und entscheiden. Emotionen dienen der Erhaltung des Individuums als Mittler zwischen ihm und der Außenwelt. In den emotionalen Prozessen wird der Organismus sowohl über körperinterne Vorgänge als auch über die Bedeutung der aktuellen Außenwelt unterrichtet und bekommt eine Meldung über die Zweckmäßigkeit seines Verhaltens. Es erscheint deshalb aus der Perspektive der Kommunikation eines Menschen mit seiner Umwelt berechtigt, einem Zusammenhang zwischen biologischen Prozessen und Emotionen als Bewertungsinstanz zur Durchsetzung von Lebensinteressen nachzugehen.

Wahrnehmungen und Emotionen erschließen einerseits unterschiedliche, ihnen eigentümliche Informationen über die Umwelt und sind andererseits eng miteinander verknüpft. Emotionen sind Ausdruck einer Bewertung der Wahrnehmung. Ihnen kommt in der Kommunikation mit der Umwelt die unverzichtbare Aufgabe zu, das Subjekt über die Einflüsse aus der Umwelt zu informieren, die einerseits

---

12 Wucherer-Huldenfeld, S. 57.

seiner Lebenserhaltung und Entwicklung dienen und die andererseits das Subjekt vor Gefahren schützen.

Die alltägliche Erfahrung zeigt, wie Wahrnehmungen und Emotionen eng miteinander verknüpft sind. Die Wahrnehmung, „da ist ein Hund", erschließt dem Betrachter noch nicht, ob der Hund freundlich oder feindlich erlebt wird. Erst eine damit verbundene Emotion löst Angst oder auch Freude aus, je nach den emotionalen Reizen, die mit der Wahrnehmung „Hund" verbunden sind. Die Wahrnehmung des Hundes und dessen emotionale Bewertung „aggressiv" können zu körperlichen Schaudern führen, einen Angstzustand hervorrufen und die Tendenz der Flucht erzeugen. Emotionen vermögen, Einflüsse der Umwelt hinsichtlich des eigenen Wohlbefindens und Gedeihens zu beurteilen.[13]

Wie eng Wahrnehmungen und Emotionen aufeinander bezogen sind, wird in der Kommunikation zwischen Menschen deutlich. Der Ausdruck von Emotionen übernimmt häufig die Funktion einer Mitteilung. Ploog spricht dabei von Senden und Erkennen sozialer emotionaler Signale. Ein erster Kontakt nicht sprachlicher Kommunikation zwischen Partnern zeigt sich in dem Angeblicktwerden. Die Blickrichtung signalisiert, wer gemeint ist, während der Gesichtsausdruck die Verhaltensbereitschaft des Senders übermittelt. Die Kommunikation erfolgt durch Mimik, Stimme und Körperhaltung.[14]

Wie oben beschrieben, wird Empathie als nichtsprachliches emotionales Verstehen bezeichnet. Empathie vermittelt emotionale Inhalte. Am Beispiel depressiver Patienten lässt sich erkennen, dass depressive Affekte eines Menschen Signale zu Hilfeleistungen sind und empathische Reaktionen bei den Mitmenschen hervorrufen. Da die Wahrscheinlichkeit steigt, dass ein depressiver Zustand in Situationen wie zu hohen Lebensanforderungen, bei starken materiellen Einbußen, beim Verlust von geliebten Menschen, bei Ehescheidungen oder bei Verlust von gesellschaftlichen Ansehen entsteht, erzeugt dieser bei den Mitmenschen empathische Reaktionen wie temporären Dispens von materiellen und sozialen Leistungsforderungen oder Belassen des Menschen in seiner sozialen Ordnung und in seinen Familienbanden.[15]

Zusammenfassend lässt sich sagen: Wahrnehmungen und Emotionen vermitteln unterschiedliche Informationen über die Umwelt. Das Erlebnis von Emotionen und ihre Bewertungskraft bedürfen keiner Theorie. Sie sind eine auf die Wahrnehmungen bezogene unmittelbare Bewertungsinstanz von eigener Evidenz.

Wenn es Einflüsse aus der Umwelt gibt, wie die Neurowissenschaft nachweisen kann, und wenn ein Mensch ein nach Selbsterhaltung strebendes Individuum ist, wie es unserem Menschenbild entspricht und wie ihn die Biologen beschreiben,

---

13 Frackowiak (S. 38 ff.) spricht von einem „value system" in unserem Gehirn, das er in einer Skizze (Figure 19.12) darstellt; Roth (1997, S. 178) hält die Emotionen zur Bewertung einer Wahrnehmung für lebenswichtig.

14 Ploog, S. 541.

15 Ebd. S.543 ff.

dann bedarf der Mensch einer Möglichkeit der Bewertung, wie sich die Umwelteinflüsse auf ihn auswirken und wie er den Einflüssen begegnen, wie er handeln und sich verhalten will. Er bedarf einer Möglichkeit der Prüfung, welches Handeln seinen Bedürfnissen entspricht, woran er seine Handlung orientieren kann. Eine Wahrnehmung alleine kann diese Orientierung nicht leisten, aber die Bewertungen aus den Emotionen erschließen eine Handlungsorientierung, die der Umweltsituation und den Bedürfnissen des Menschen Rechnung tragen. Erst die Bewertungen der Einflüsse der Umwelt ermöglichen, den Lebensinteressen förderliche Einflüsse zu verfolgen und hinderliche zu vermeiden. Wer nicht in der Lage ist, erfolgreiche Handlungsergebnisse als erfolgreich zu bewerten, ist nicht in der Lage, erfolgreiche Handlungsstrategien für die Zukunft zu entwickeln. Diese Aussagen stützen sich auf umfangreiche neurowissenschaftliche Untersuchungen hirnverletzter Patienten, die zu keinen Emotionen in der Lage waren.

Reichen rationale Überlegungen aber nicht aus, um eine sinnvolle Handlungsentscheidung zu treffen? Ein Ökonom wie Robert Frank, ein Biologe wie Robert Trivers, ein Psychologe wie Jerome Kagan und schließlich der Neurowissenschaftler Antonio Damasio kamen zum gleichen Ergebnis: Wenn Menschen alle Gefühle abgehen, sind sie rationale Narren.[16]

Oft zeigen sich Emotionen einflussreicher auf Entscheidungen als rationale Gründe. Weit in die Zukunft reichende Entscheidungen eines Menschen werden bisweilen wesentlich, manchmal ausschließlich von Emotionen beeinflusst wie z. B. die Auswahl seines Ehepartners oder die Wahl des Berufes. Wenn jemand von einer Vernunftehe spricht, dann verweist er auf rationale Gründe für eine Ehe, vielleicht unter Verzicht auf die fundamentale emotionale Bindung der Liebe. Die Entscheidung für einen bestimmten Beruf trifft mancher sogar gegen rationale Gründe z. B. hinsichtlich späterer Erwerbsaussichten. Dies wird bei Künstlern besonders deutlich.

Ein Beispiel mag verdeutlichen, wie sich Emotionen in Konkurrenz zu rationalen Überlegungen auswirken. Wenn man nach den Grundsätzen fragt, nach denen Menschen ökonomische Entscheidungen treffen, dann zeigen empirische Untersuchungen, dass emotionale Orientierungen in den Entscheidungen eines Akteurs eine große Rolle spielen. Die experimentelle Wirtschaftsforschung untersucht die Wahl solcher Grundsätze. In vielen Experimenten wurden Akteure aufgefordert, sich in einer Gewinnsituation zu entscheiden: Abwägen konnten sie zwischen einerseits einem Nutzen maximierenden Gewinn und andererseits einem Verzicht auf Teile des Gewinns zugunsten von Fairness und Gerechtigkeit gegenüber ihrem Geschäftspartner. Es hat sich gezeigt, dass ein Akteur seine Entscheidungssituation sowohl nach rationalen Bedürfnissen eines Gewinns wie zugleich nach emotionalen Bedürfnissen aus dem Umgang mit seinem Geschäftspartner bewertet. Geldgewinn ebenso wie faire bzw. gerechte Behandlung der Partner ist den Akteuren

---

[16] Ridley, S. 204.

wichtig.[17] Der experimentelle Befund findet eine Bestätigung in vielen Aktivitäten großer Konzerne, die auf faire Behandlung der Kunden ebenso wie auf verantwortungsvolle Behandlung ihrer Mitarbeiter gerichtet sind. Es ist nicht so, dass nur eine rationale Nutzenmaximierung die ökonomische Entscheidung allein bestimmt, sondern den Akteuren die emotionale Bewertung einer Behandlung ihrer Geschäftspartner und Mitarbeiter zunehmend wichtig wird. Es hat sich in den Experimenten auch gezeigt, dass eine nachdenkende Betrachtung der möglichen Rückwirkungen auf die eigenen Bedürfnisse in dem Entscheidungsprozess eine Rolle spielt.

Emotionen als Ausdruck einer Bewertung des Handelns der Menschen untereinander orientieren sich an Bedürfnissen des Überlebens und Gedeihens. Denn die Menschen leben nicht isoliert für sich und interesselos nebeneinander, sondern in einem Miteinander wie in der Familie, im Beruf, in wirtschaftlichen Geschäften, in der Freizeit, im Sport und in vielen anderen Gemeinschaften. Wenn sie aber aufeinander angewiesen zusammenleben, entstehen Erwartungen und Bedürfnisse an den Umgang miteinander. Vorausgesetzt dass alle Menschen vergleichbare Erwartungen an eine Gestaltung ihres Lebens haben wie Freiheit, Unversehrtheit, Würde und Achtung, möchte sie jeder vom anderen geachtet erleben. Keiner möchte vom anderen unterdrückt, missachtet, ausgenutzt und nur als Mittel zu Zwecken anderer benutzt werden.

Eine solche Orientierung lässt sich als Moral beschreiben.[18] Moral ist zwar etwas Subjektives, bezogen auf das Individuum in einer Bewertungssituation, aber ist eine subjektive Orientierung etwas Beliebiges? Es sind einerseits subjektive Orientierungen, aber andererseits wird jeder Mensch ähnliche Bedürfnisse haben, deren Erfüllung eine gegenseitige Achtung verlangt. Eine Missachtung der Bedürfnisse anderer würde zu einer Missachtung eigener Bedürfnisse durch andere führen können. Eine gegenseitige Erfüllung individueller Bedürfnisse wird oft in Regeln gefasst, die zwar einen gegenseitigen Verzicht auf unbeschränkte Handlungsfreiheit verlangen, die aber akzeptiert werden, weil sie die gegenseitige Erfüllung der individuellen Bedürfnisse fördern. Eine subjektive moralische Orientierung ist insofern nicht etwas Beliebiges.

Willensfreiheit

Trotz mancher strittiger Positionen konnte das Subjektive in der Willensfreiheit nicht bestritten werden. Vielfach behandelt wurde die Frage:

Ist unser Denken und Handeln determiniert und unser Erleben der Willensfreiheit eine Illusion, wie es manche Neuwissenschaftler zu beweisen versuchen, oder

17 Kolster (2008), S.55 ff..
18 Vgl. Kolster (2013), S.50 ff.

lässt sich zwischen unserem Gehirn, dem Ort neuronaler Prozesse, und dem Ich, das denkt und entscheidet, unterscheiden?

Über das Libet-Experiment hinaus ist die Frage diskutiert worden: Wenn die Willenshandlung aus der Dritten-Person-Perspektive nach einem Ursache-Wirkungs-Zusammenhang beschrieben wird, wie lässt sich dann die subjektiv erlebte Freiheit einer Entscheidung erklären, also die Erste-Person-Perspektive? Merkmale beider Perspektiven sind folgende:

Erste-Person-Perspektive	*Dritte-Person-Perspektive*
Subjektive	Objektive
Selbsterfahrung	Fremdbeschreibung
Selbstwahrnehmung	wissenschaftliche Beschreibung
Emotionen	
Freiheit	neuronaler Determinismus
Moral	Ethik
Wahrnehmung	Theorie der Wahrnehmung

Wenn es ausreichend wäre, die Willenshandlung nur aus der Ursache neuronaler Prozesse zu erklären, wäre sie determiniert und die subjektive Freiheit bliebe unberücksichtigt. Die Neurowissenschaftler Roth und Singer bevorzugen die Dritte-Person-Perspektive und haben versucht, das subjektive Erlebnis der Freiheit in diese Perspektive einzubeziehen. Singer reduziert auch das Subjektive auf die Ursache neuronaler Prozesse, die unser Erlebnis der Freiheit im Unterbewusstsein bestimmen. Weil wir uns dieser Handlungsdeterminanten nicht bewusst wären, würden wir uns als freie Agenten erfahren.[19] Die Erste-Person-Perspektive auf Determinanten im Unterbewusstsein zu reduzieren, würde bedeuten, dass sie determiniert ist. All das, was ein Mensch in seinen Wünschen, Vorstellungen und in der Wahl einer Entscheidung als frei erleben kann, wird zur Illusion, weil sie Wirkungen einer messbaren neuronalen Kausalität sind. Singer hat dafür keine Beweise vorgelegt. Nach meiner Kenntnis sind solche Handlungsdeterminanten im Unterbewusstsein neuronal ungeklärt.

Roth hat die Erste-Person-Perspektive durch die Beobachtung des Verhaltens des Akteurs zu objektivieren versucht. Wenn wir Willensfreiheit als beobachtbares Verhalten verstehen, dann wäre es erlaubt, beobachtbare Gehirnzustände einem beobachtbaren Verhalten zuzuordnen, und der Hirnforscher dürfte sagen, „Es gibt keine Willensfreiheit“[20].

Einzuwenden bleibt, dass mentale Zustände wie Wünschen, Wollen, Planen neuronale Korrelate haben, aber wir nicht wissen welche. Solange das Subjektive

19 Singer (2004), S. 47.
20 Roth (2004), S. 81.

neuronal unzugänglich ist, wird man bei einem beobachtbaren Verhalten nicht ausschließen können, dass es Ergebnis eines freien Willens ist.

Sind die subjektive und objektive Sichtweise der Willensfreiheit miteinander verträglich, d.h., lassen sich das subjektive Erlebnis der Willensfreiheit und zugleich deren neurobiologische Kausalität begründen? Die Argumente und Experimente haben nicht zeigen können, dass unser Handeln durch neuronale Prozesse determiniert und eine Willensfreiheit eine Illusion ist. Im Gegenteil, eine Willensfreiheit bleibt mit neuronalen Prozessen verträglich, weil sie notwendige Bedingung einer Willensbildung sind. Welche individuellen neuronalen Prozesse in einer Entscheidungssituation wirksam sind, bleibt allerdings das Subjektive.

Das Subjektive in ökonomischen Entscheidungen

Die oben erwähnten Ergebnisse der Experimentellen Wirtschaftsforschung zeigen den Einfluss des Subjektiven auf ökonomische Entscheidungen. Erklären lassen sich die Einflüsse aus der Theorie einer Ethik aus Emotionen und Vernunft. Sie erschließt ökonomisches Handeln aus einem Zusammenwirken von Emotionen und Rationalität; und sie erklärt Handeln und Verhalten aus der Kontextabhängigkeit der Umwelteinflüsse. Sie ist geeignet, spieltheoretische Vorhersagen zu machen. Kriterium möglicher Handlungsorientierungen und deren Abwägungen ist eine Erfüllung der ökonomischen und moralischen Bedürfnisse des jeweiligen Spielers. Die Vorhersageergebnisse werden keine präzisen sein können, weil die subjektiven Handlungsentscheidungen trotz ihrer verallgemeinerbaren Konstanz auch von individuellen Einflüssen geprägt sein können; die Vorhersagen werden aber Tendenzen sichtbar machen und vor solchen Vorhersageerwartungen schützen können, die emotionale Bewertungen außer Acht lassen.

Undenkbar ist nicht nur, einen Individualismus außer Acht zu lassen, sondern man muss auch sehen, dass er die freiwillige Selbstbindung des Individuums fördert.

Die subjektiven Orientierungen sind weder in der Ethik, noch in ökonomischen Entscheidungen beliebige; jeder Mensch hat ähnliche Bedürfnisse, deren Erfüllung eine gegenseitige Achtung verlangt. Eine Missachtung der Bedürfnisse betroffener Dritter kann als Rückwirkung zu einer Missachtung eigener Bedürfnisse durch Betroffene führen.[21]

Dem Subjektiven kommt eine große Bedeutung zu, vor allem dort, wo eine Dritte-Person-Perspektive für eine alleinige Erklärung nicht ausreicht. Deshalb ist es berechtigt, eine Erklärung des metaphysischen Wissens aus subjektiver Perspektive zu untersuchen.

---

21 Ebd. (S. 54 f).: Zeigen lässt sich, dass Moral aus subjektivem Wissen, orientiert an Bedürfnissen, weder eine egoistische, noch eine beliebige ist.

IV. Subjektive Erklärungen des Metaphysischen

Die subjektive Perspektive ermöglicht Orientierungen dort, wo nach Erklärungen gesucht wird und wo Wissenschaft nicht hinreicht.

Historisch betrachtet, wurde mit dem Aufkommen der Wissenschaft bis in die Gegenwart eine wissenschaftliche Erschließung der Wirklichkeit durch die Einsicht ergänzt, dass ein letzter Grund der Wirklichkeit begrifflich nicht erfassbar ist. Er wurde auf göttliches Wirken zurückgeführt.

Eine aufkommende Wissenschaft konnte im Altertum das Mythische in der Natur nicht vollständig verdrängen. Das Göttliche wurde als letzter Erklärungsgrund nicht überflüssig. Zwar gewannen begriffliche Erklärungen wie z.B. Feuer, Wasser, Luft, Bewegung und Zahlen an Bedeutung, aber als letzter Erklärungsgrund blieb die mythische Gottheit einer neuen Begrifflichkeit überlegen, da in ihr Allgemeines und Individuelles verschmolzen. Der Name eines Gottes, obgleich ein Individuum bezeichnend, galt zugleich als ein wirkendes Allgemeines,[1] bzw. im einzelnen Naturgegenstand wirkte göttliches Allgemeines. Göttliches ließ sich nicht hintergehen. Ein Rückgang auf eine letzte Erkenntnisbegründung wurde überflüssig.

In den überlieferten Fragmenten der Vorsokratiker gibt es, über begriffliche Erklärungen hinausgehend, in deren Entwürfen einer Naturphilosophie viele Hinweise auf das Göttliche als letzten Erklärungsgrund. Beispiele sind:

- Thales, der sagte, dass alle Dinge sich bewegen und im Fluss sind, weil sie mit dem ersten Urheber ihres Werdens übereinstimmten. Das was weder Ursprung noch Ende habe, sei Gott.[2]
- So auch Anaximader, der zur Erklärung der Kosmologie Zahlen und Größenverhältnisse verwendete, aber als unveränderlichen Ursprung alles Veränderlichen das Apeiron, ein Prinzip des Göttlichen, ansah.[3]
- Heraklit nimmt eine vorgegebene Ordnung an. Feuer sei der Antrieb zur Erkenntnis, aber das Meiste vom Göttlichen entwische ihr. Auch die menschlichen Gesetze für ein staatliches Zusammenleben seien alle im Göttlichen verwurzelt.[4]
- Parmenides versteht die Welt als ein Ganzes, nicht hervorgebracht und unzerstörbar. Die Menschen erkennen die Ordnung der Welt nur unvollständig, nur die Göttin Dike kann sie durch ihre göttliche Offenbarung erklären.[5]

---

1 Hübner (1985), S. 110f.
2 Die Vorsokratiker, S. 53f.
3 Ebd., S.58.
4 Ebd., S. 239.
5 Ebd., S. 319.

Eine Vorstellung von den Göttern unterlag bei den Vorsokratikern selbst einem Wandel. Xenophanes z.B. spricht von einem neuen Gott neben vielen Göttern; er ist unter den Göttern und Menschen der größte.[6]

Gründe für die Entwicklung von mythischer zu begrifflicher Erkenntnis sind bisher nicht erschlossen worden.[7] Wichtig ist im Zusammenhang dieser Arbeit, dass Wissenschaft ein grundlegendes Göttliches nicht verdrängen konnte.

Ein ähnliches Ergebnis lässt sich mit fortschreitender Entwicklung der Wissenschaften von der griechischen Klassik bis in die Moderne beobachten. Platon sprich im Timaios von dem göttlichen Baumeister, dem Demiurgen und Aristoteles von dem „unbewegten Beweger"[8]. Auch in der griechischen Klassik haben begriffliche Erklärungen das Göttliche nicht verdrängt. Offenbar gab es in ihrem Drang, zu wissen, ein Grundlegendes des Wissens, das ein Göttliches war.

In der fortschreitenden Entwicklung der Wissenschaft im Mittelalter und ihrer weiteren Differenzierung in der Neuzeit ist ebenfalls ein Bezug auf Göttliches zu finden. Beispiele sind:

Galilei: „Die Mathematik ist das Alphabet, mit dem Gott das Universum geschrieben hat."[9]

Descartes: In seiner Dritten Meditation führt er einen Gottesbeweis.[10]

Leibniz: „Die Ordnung, das Ebenmaß, die Harmonie bezaubert uns. [...] Gott ist lauter Ordnung. Er ist der Urheber der allgemeinen Harmonie."[11]

Kopernikus: „Wer sollte nicht durch die stete Beobachtung und den sinnenden Umgang mit der von der göttlichen Weisheit geleiteten herrlichen Ordnung des Weltgebäudes zur Bewunderung des allwirkenden Baumeisters geführt werden!"[12]

Charles Darwin: „Denke ich darüber nach, dann fühle ich mich gezwungen, mich nach einer ersten Ursache umzusehen, die in Besitz eines dem des Menschen in gewissem Grad analogen Intellekts ist, und ich verdiene Theist genannt zu werden. [...] Dann entsteht aber wieder der Zweifel: Kann man sich auf den Geist des Menschen verlassen, der, wie ich glaube, sich aus einem so niederen Geist wie dem der niedersten Tiere entwickelt hat, wenn er solch großartige Schlussfolgerungen zieht?"[13]

Einstein: „Ich glaube an Spinozas Gott, der sich in gesetzlicher Harmonie des Seienden offenbart, nicht an Gott, der sich mit Schicksalen und Handlungen der Menschen abgibt"[14]

---

6 Ebd., S. 225.
7 Hübner (1985), S. 371.
8 Aristoteles XII, S. 6ff.
9 Galilei, S. 121.
10 Descartes, S. 30 ff.
11 www.pro-leben.de/glaube/naturwissenschaftler_zitate.php
12 www.pro-leben.de/glaube/naturwissenschaftler_zitate.php
13 Darwin (1887), I, S. 282 f.
14 Jaeger, S.5.

Max Planck: „Da aber auch Geistwesen nicht aus sich selbst sein können, sondern geschaffen worden sein müssen, so scheue ich mich nicht, diesen geheimnisvollen Schöpfer so zu nennen, wie ihn alle alten Kulturvölker der Erde früherer Jahrtausende genannt haben: Gott. Gott steht für den Gläubigen am Anfang für den Physiker am Ende allen Denkens."[15]

Reicht Wissenschaft heute aus, die Welt und den Kosmos zu erklären oder bleibt eine Differenz zwischen Wahrnehmung und Wissenschaft? Eine Erklärung der Welt wird wissenschaftlich versucht durch eine Weltformel – bisher ohne Erfolg. Und es gibt Bemühungen um eine Erklärung des Kosmos durch eine Urknalltheorie; sie erklärt Aspekte, beantwortet aber nicht die Frage, was vor dem Urknall war und warum und was genau knallte.[16]

Eine andere Vorstellung zur Entstehung des Universums und des Seins ist die creatio ex nihilo, wie sie in der christlichen Schöpfungsgeschichte enthalten ist, aber auch schon in Überlegungen zur Entstehung der Welt im Altertum auftaucht[17] – allerdings ohne erklärende Lösung. Die Entstehung des Universums aus dem Nichts führt auch in der Gegenwart zu keinem wissenschaftlichen Erklärungserfolg. Ein Problem bleibt der Begriff des Nichts, der sich nicht nur auf eine materielle Substanz, sondern auch auf Energie beziehen könnte. Ist so ein Nichts überhaupt vorstellbar?[18]

Lässt sich die Entstehung des Universums und damit auch des Seins aus Zufall erklären, wie Hasinger meint?[19] Ein solcher Versuch drückt aus, dass die Entstehung kausal nicht erklärbar, nicht vorhersagbar ist, d.h. wissenschaftlich nicht erschließbar. Offenbar dient aber die Annahme des Zufalls einer subjektiven Erklärung.

Alle genannten Entwürfe reichen nicht aus, das Wahrgenommene zu erklären; sie leisten weder einen subjektiven Erklärungsanspruch, noch können sie eine allgemeine Geltung erreichen.

Man kann sich in der Erschließung naturwissenschaftlicher Erkenntnis auf ein Funktionieren beschränken, dann bedarf es keiner Letztbegründung einer Erkenntnis. Es kommt nur darauf an, ob z.B. ein bestimmtes Präparat eine bestimmte Heilung eines körperlichen Organs ermöglicht oder ob in einem Teilchenbe-

---

15 www.pro-leben.de/glaube/naturwissenschaftler_zitate.php

16 Bojowald (2009).

17 Parmenides (B8): „Denn was für einen Ursprung willst Du für das Seiende ausfindig machen? Wie und woher sein Wachstum? Weder aus dem Seienden kann es hervorgegangen sein; sonst gäbe es ja ein anderes Sein vorher, noch kann ich Dir gestatten seinen Ursprung aus dem Nichtseienden auszusprechen oder zu denken. Denn unaussprechbar und unausdenkbar ist es, wie es nicht vorhanden sein könnte. Welche Verpflichtung hätte es denn auch antreiben sollen, früher oder später mit dem Nichts zu beginnen und zu wachsen? So muss es also entweder auf alle Fälle oder überhaupt nicht vorhanden sein. Auch kann ja die Kraft der Überzeugung niemals einräumen, es könne aus Nichtseiendem irgendetwas anderes als eben Nichtseiendes hervorgehen."

18 Krauss (2007).

19 Hasinger (2012).

schleuniger eine neue Substanz gefunden wird. Wer aber über ein Funktionieren hinaus nach dem „Warum“ der Gesetzmäßigkeiten fragt, entsprechend der aristotelischen Vorstellung „alle Menschen streben von Natur nach Wissen“[20], und das von der Wissenschaft Unerklärliche der Welt betrachtet, kommt nicht um Fragen nach dem von der Wissenschaft Unerklärlichen herum.

Für eine Wissenschaft unhintergehbar ist die Wahrnehmung, ihre Grundlage, da wo Sein und Wissen verschmelzen. Bis zum Sein, und nur bis dahin, ist ein Rückgang eines wissenschaftlichen Wissens über die Welt möglich. Es ist das Subjekt, das die Wahrnehmung hervorbringt. Es ist das Wissen meines Seins, ich bin. Für Descartes war es die unauflösliche Verknüpfung von Sein und Denken, die ihm Gewissheit einer Erkenntnis ermöglichte. In diesem Konzept ist es nicht das Denken, sondern das Wahrnehmen, verschmolzen mit dem Sein. Ein Subjekt und Subjektives lässt sich nicht auf ein Reflexionswissen und Wissenschaft reduzieren, weil selbst die Summe aller erfassten Aspekte eines Subjektes offen lässt, ob es nicht weitere Aspekte gibt. Für eine Vollständigkeit aller Aspekte eines Subjektes gibt es kein Kriterium.

Metaphysisch wurde der Teil eines Wissens aus der Wahrnehmung genannt, der einer wissenschaftlichen Erschließung unzugänglich ist. Das Metaphysische lässt sich aber aus subjektiver Perspektive erklären, wie aus unterschiedlichen Vorstellungen der Religionen, aus einem Kreationismus oder einem Intelligent Design geschehen ist.[21] In Religionen ist es ein göttlicher Schöpfer, wie er in allen großen Religionen enthalten ist: im Christentum Gott der Schöpfer, im Islam Allah der Schöpfer, im Hinduismus der große Schöpfer Brahman, im Buddhismus die letzte Ursache Gott und im Judentum Gott als Schöpfer des Universums.

Kritisch hat Kummer dazu angemerkt, dass nur weil wir nicht wissen, wie es gegangen ist, es eine schöpferische Intelligenz bzw. Gott gewesen sein soll. Der Grund, sich auf einen Schöpfer zu berufen, sei nur eine unzureichende natürliche Erklärung.[22] Sein Einwand überzeugt nicht, weil eine subjektive Erklärung dort möglich bleibt, wo Wissenschaft nicht hinreicht, dort wo Wunder und Staunen erlebbar ist. Seine Hoffnung auf eine irgendwann vollständige, zureichende wissenschaftliche Erklärung der Natur bleibt unerfüllt, weil ein Kriterium der Vollständigkeit aller Aspekte fehlt, ähnlich wie es sich im Bemühen um eine deterministische Handlungsentscheidung, die eine Willensfreiheit widerlegen soll, erwiesen hatte.

Es gibt die Vorstellungen eines Kreationismus und eines Intelligent Design, die aus einer Auseinandersetzung in der Erklärung der Natur zwischen Wissenschaft und Schöpfung entstanden sind. Im Kreationismus ist es der Versuch, die

---

20 Aristoteles (2014), S.37.
21 Rosen, S. 40 ff., 68 ff.
22 Kummer, S.74.

biblische Schöpfungsgeschichte so zu deuten, dass sie mit den Erkenntnissen der Naturwissenschaften vereinbar ist. Erreicht wurde die Vereinbarkeit bisher nicht.

Und im Intelligent Design wehren sich ihre Vertreter gegen eine Erklärung der Natur aus natürlichen Prozessen, wie es in der Evolution versucht wird. In Darwins Evolution ginge ein Staunen verloren. Es könne nicht allein ein Zufall sein, aus dem die Entstehungsgeschichte der Natur erklärbar wird, sondern es sei eine absichtliche Erzeugung.

Anliegen beider Konzepte ist es, zu zeigen, dass Wissenschaft allein die Entstehungsgeschichte der Natur nicht erklären kann. Erkenntnistheoretisch lässt sich eine wahrgenommene Entstehungsgeschichte der Natur in Aspekten erklären, wie es auch geschehen ist, aber eben nicht vollständig.

Noch weniger als ein materieller Wahrnehmungsgegenstand lässt sich die Handlung eines Menschen, ein Handeln aus Freiheit, wissenschaftlich ganz, über Aspekte hinausgehend erfassen. Lässt sich das grundlegendste Wissen eines Handelns erkennen, eines Handelns wie es im Täglichen und in historischen Zusammenhängen auftritt? Es bleibt eine Differenz des Wissens zwischen dem Wahrgenommenen der Handlung und ihrer wissenschaftlichen Erschließung. Erklärbar wird die Differenz – das Metaphysische – das Sein der Handlung subjektiv als Werk des Akteurs und der Akteur als göttliches Geschöpf.

Eine subjektive Erklärung des Metaphysischen betont die individuelle Selbstbindung; subjektive Erklärungen des Metaphysischen appellieren an persönliche Überzeugungen. Sie erfüllen ein persönliches Bedürfnis nach Wissen und sind nicht weniger bedeutend als eine allgemein geltende Aussage, sondern vielleicht sogar von einer größeren Selbstbindungskraft.

D. Schluss

Die Bedeutung der Wahrnehmung und des Subjektiven

Die Antwort auf die Frage, ob Metaphysik an ihr Ende gekommen ist, lautet: Es gibt keine Wissenschaft der Metaphysik, aber es gibt ein metaphysisches Wissen, das subjektiv erklärbar ist. Voraussetzung dieser Antwort ist erstens die Anerkennung der Wahrnehmung als Wissen und zweitens die Einbeziehung unverzichtbarer subjektiver Erklärungen für eine Orientierung der Menschen in der Welt.

Unser Wissen über die Welt ist das Ergebnis aus drei Zugangsweisen zu den Gegenständen der Welt: die Wahrnehmung, die Reflexion einschließlich Wissenschaft und die emotionale Bewertung des Wahrgenommenen. Jede dieser Arten erschießt ein eigenständiges Wissen über die Welt.

Das Sein, ein oft befragter Gegenstand einer herkömmlichen Metaphysik, verschmilzt mit einem Wissen aus der Wahrnehmung, weil jedem Gegenstand nur dann ein Sein zukommt, wenn er wahrnehmbar ist. Das Sein lässt sich wissenschaftlich aus Aspekten betrachten, aber nicht vollständig wissenschaftlich erschließen, weil Wissenschaft Wahrnehmung voraussetzt. Wissenschaft bedarf der Wahrnehmung, aber Wahrnehmung nicht der Wissenschaft. Metaphysik, die nach dem grundlegendsten Wissen der Welt, d.h. auch nach dem Sein fragt, kann es deshalb nicht als Wissenschaft geben. Die Beziehung zwischen Wahrgenommenem und Wissenschaft lässt sich folgendermaßen beschreiben: Es gibt eine Differenz des Wissens zwischen Wahrgenommenem und Wissenschaft, weil Wissenschaft notwendige Bedingungen des Wahrgenommenen erschließt. Der Teil des Wissens, der einer Wissenschaft unzugänglich ist, wird metaphysisches Wissen genannt.

Wahrgenommenes kann metaphysisches Wissen genannt werden, weil es sich auf die Welt bezieht und andere Erklärungsmöglichkeiten als wissenschaftliche erfordert.

Erklärbar wird das Metaphysische aus subjektiver Perspektive. Unter Verzicht auf Allgemeingültigkeit ist eine subjektive Perspektive gerechtfertigt, weil subjektive Erklärungsleistung ebenso wie subjektive emotionale Bewertung der Wahrnehmung unverzichtbar ist für eine Orientierung der Menschen in der Welt. Die subjektive Erklärung des Metaphysischen wird Metaphysik genannt.

Subjektiv erklären lässt sich nicht nur das Sein, sondern auch das, was die Fragen herkömmlicher Metaphysik betraf und betrifft, nämlich die Existenz des Menschen in ihrem Wesenskern, die Seele und die Unsterblichkeit.

Subjektiv erklärbar ist das Sein eines Gegenstandes aus einem göttlichen Schöpfungsakt, wie er in allen großen Religionen angenommen wird. Er ermöglicht Antworten auf Fragen nach der Ordnung des Kosmos, unserer Existenz und unserem Wesenskern. Andere subjektive Erklärungsmöglichkeiten bieten der Kreationismus und Vorstellungen des Intelligent Design.

Die subjektive Erklärung folgt einem individuellen Bedürfnis, Antworten auf die Fragen nach dem Warum einer Naturordnung, nach dem, was Staunen hervorruft und Wunder erklärt, zu finden.

Wissenschaft kann nur erklären, was schon da ist, aber nicht warum es da ist. In der Naturwissenschaft haben Forscher zu allen Zeiten, von den Vorsokratikern bis in die Neuzeit, das göttliche Wirken in Ergänzung ihres erforschten Wissens erwähnt, offenbar aus der Einsicht, dass Naturwissenschaft nicht alles erklären kann.

Die Möglichkeit subjektiver Erklärung muss aber nicht für jedermann gelten. Viele Menschen verlassen sich nur auf eine wissenschaftliche Erschließung der Welt und lassen metaphysisches Wissen unerklärt beiseite. Das bedeutet nicht, das eine Erklärung des Metaphysischen bedeutungslos geworden ist, weil die Menschen nach einem Wissen auch dort streben, wo Wissenschaft nicht hinreicht.

Alle Überlegungen lassen sich so zusammenfassen: Es gibt keine Metaphysik als Wissenschaft, aber es gibt metaphysisches Wissen, das subjektiv erklärbar ist. Es gibt keine Wissenschaft von dem Grundlegendsten einer Erklärung der Welt, aber es gibt grundlegende Erklärungen von dem Wissen der Welt. Eine Metaphysik in diesem Sinn ist nicht an ihr Ende gelangt.

Literatur

Adams, D. (2001): Unbegrifflichkeit, in: Hist. Wb. Philos., Bd. 11, Aristoteles (1956): Physikalische Vorlesungen über die Natur, griechisch-deutsch, herausgegeben von Hans Günther Zekl. Band 1, Buch I–IV, Hamburg.

Ders. (1983): Vom Himmel Von der Seele Von der Dichtkunst, übersetzt, herausgegeben und mit einer Vorbemerkung versehen von Olaf Gigon, München.

Ders. (2014): Metaphysik, übersetzt von Hermann Bonitz, Reinbek.

Ates, Murat/Bruns, Oliver/Han, Choong-Su/Sören, Sören (Hg.) (2016): Überwundene Metaphysik? Beiträge zur Konstellation von Phänomenologie und Metaphysik, Freiburg /München.

Barbaric, Damir (2007): Aneignung der Welt. Heidegger – Gadamer – Fink, Frankfurt am Main.

Beck, Ulrich (2001): Das Zeitalter des eigenen Lebens. Individualisierung als „paradoxe" Sozialstruktur und andere Fragen, in: Aus Politik und Zeitgeschichte, 29, Frankfurt.

Beckermann, Ansgar (2001): Zur Inkohärenz und Irrelevanz des Wissensbegriffs. Plädoyer für eine Agenda in der Erkenntnistheorie, in: Zeitschrift für philosophische Forschung, Bd. 55, S. 571–593.

Bedny, Marina et al. (2008): Concepts Are More than Percepts: The Case of Action Verbs, in: The Journal of Neuroscience, October 29, 2008-28(44), 11347-11353, Washington.

Berkeley, George (2004): Eine Abhandlung über die Prinzipien der menschlichen Erkenntnis, Hamburg.

Bernhard, Peter (2003): Kants Prolegomena. Eine Lesehilfe, Wien.

Bojowald, Martin (2009): Zurück vor den Urknall. Die ganze Geschichte des Universums, Frankfurt am Main.

Cassirer, Ernst (1990): Versuch über den Menschen. Einführung in die Philosophie der Kultur, Frankfurt.

Cicero, Marcus Tullius (2004): De legibus, herausgegeben von Rainer Nickel, München.

Coriando, Pala-Ludovika (2002): Affektenlehre und Phänomenologie der Stimmungen. Wege einer Ontologie und Ethik des Emotionalen, Frankfurt am Main.

Dies. (2011): Metaphysik und Ontologie in der abendländischen und buddhistischen Philosophie, Berlin.

Dies. (Hg.) (2014): Perspektiven der Metaphysik im „postmetaphysischen" Zeitalter, Berlin.

Damasio, Antonio R. (1997): Descartes' Irrtum. Fühlen, Denken und das menschliche Gehirn, aus dem Englischen von Hainer Kober, München.

Danto, Arthur C. (1996): Kunst am Ende der Kunst, aus dem Englischen von Chritiane Spelsberg, München.

Descartes, René (1960): Meditationen. Über die Grundlagen der Philosophie, Hamburg.

Einstein, Albert (1979): Aus meinen späten Jahren, Stuttgart.

Fischer, Falk (2007): Wasser – Ein Universum für sich, Manuskript zur Sendung SWR2 Wissen (12. März), Baden Baden.

Foerster, Heinz von (Hg.) (1994): Das Konstruieren der Wirklichkeit, in: Die erfundene Wirklichkeit. Wie wissen wir, was wir zu wissen glauben? Beiträge zum Konstruktivismus, herausgegeben und kommentiert von Paul Watzlawik, München/Zürich.

Frackowiak, Richard S.J., et al. (2004): Human Brain Function, Second Edition, New York.

Fram, Jens (2000): Zur materiellen Organisation menschlichen Denkens: Magnetresonanz-Tomographie des Gehirns, in: Das Gehirn und sein Geist, herausgegeben von Norbert Elsner und Gerd Lüer, im Auftrag der Akademie der Wissenschaften zu Göttingen, Göttingen.

Gabriel, Markus,/Wolfram Hogrebe,/Speer, Andreas (Hg.) (2015): Das neue Bedürfnis nach Metaphysik. The new desire for metaphysics, Berlin/Boston.

Galilei, Galileo: Il Saggiatore, in Opere, A cura di Ferdinando Flora, Milano/Napoli 1953.

Gethmann, Carl Friederich (2003): „Allgemeinheit“, in: Handbuch philosophischer Grundbegriffe, herausgegeben von Hermann Krings, Hans Michael Baumgarten und Christoph Wild, München.

Gumbrecht, Hans Ulrich (2003): Die Emergenz der Emergenz. Was sich nicht von einer Theorie erfassen und vorhersagen lässt: Klassische Grundannahmen über die Produktion von Wissen sind in Bewegung geraten, in: Frankfurter Allgemeine Zeitung (FAZ) vom 19.4.2003., Frankfurt am Main.

Habermas, Jürgen (1988): Nachmetaphysisches Denken. Philosophische Aufsätze, Frankfurt am Main.

Ders. (2012): Nachmetaphysisches Denken II. Aufsätze und Repliken, Berlin.

Halfwassen, Jens (2015): Gott im Denken. Warum die Philosophie auf die Frage nach Gott nicht verzichten kann, in: Das neue Bedürfnis nach Metaphysik. Herausgegeben von Markus Gabriel, Wolfram Hogrebe und Andreas Speer, Berlin/Boston.

Hasinger, Günther (2007): Die Entstehung des Universums ist reiner Zufall, Welt Online.

Heisenberg, Werner (1984/85): Die Abstraktion in der modernen Wissenschaft, in: Gesammelte Werke, Bd. II, Abt. C: Allgemeinverständliche Schriften, hg.: W. Blum – H.P. Dürr – H. Rechenberg, München/Zürich.

Ders./Bohr, Niels (1963): Die Kopenhagener Deutung der Quantenmechanik, Stuttgart.

Hemminger, Hansjörg (2009): Und Gott schuf Darwins Welt. Der Streit um Kreationismus, Evolution und Intelligentes Design, Gießen.

Henrich, Dieter (2016): Sein oder Nichts. Erkundungen um Samuel Beckett und Hölderlin, München.

Hösle, Vittorio (1990): Die Krise der Gegenwart und die Verantwortung der Philosophie. Transzendentalpragmatik, Letztbegründung, Ethik, München.

Hoffmann, Banesh (1976): Albert Einstein, Schöpfer und Rebell, unter Mitarbeit von Helen Dukas, Stuttgart.

Hofmann, Frank (2002): Die Rolle des Wissens und des Wissensbegriffs in der Erkenntnistheorie, in: Zeitschrift für Philosophische Forschung, Bd. 56, Frankfurt 2002, S. 125–131.

Hübner, Kurt (1985): Die Wahrheit des Mythos, München.

Ders. (1979): Kritik der wissenschaftlichen Vernunft, Freiburg/München.

Jaeger, Lydia (2006): Einstein und die kosmische Religion, in: Philosophia Naturalis XLIII, S. 313-327.

Jung, Eva-Maria (2008): Wissen und Praxis – Zur aktuellen Debatte um den Wissensbegriff in der Erkenntnistheorie, Bochum.

www.dgphil2008.de/fileadmin/download/Sektionsbeitraege/05-4_Jung-pdf

Kandel, Eric/Schwartz, R./James H. (1996): Neurowissenschaften. Eine Einführung, aus dem Englischen, übersetzt von Susanne Benner, Heidelberg/Berlin/Oxford.

Kant, Immanuel (1981): Kritik der reinen Vernunft, herausgegeben von Wilhelm Weischedel, Frankfurt am Main.

Ders. (2013): Prolegomena zu einer jeden künftigen Metaphysik, die als Wissenschaft wird auftreten können, Stuttgart.

Kather, Regine (1998): Ordnungen der Wirklichkeit. Die Kritik der Philosophischen Kosmologie am mechanistischen Paradigma, in:

Spektrum Philosophie, Bd. X, herausgegeben von Arno Baruzzi, Alois Halder und Klaus Mainzer, unter Mitwirkung von Hans Peter Balmer, Severin Müller und Ulrich Weiß, Bd. 10, Würzburg.

Kemmerling, Andreas (2000): Ich, mein Gehirn und mein Geist: Echte Unterschiede oder falsche Begriffe? In: Das Gehirn und sein Geist, herausgegeben von Norbert Elsner und Gerd Lüer, Göttingen.

Kiefer, Claus (2017): Schaumige Quanten. Der Physiker Carlo Rovelli rückt der Realität zu Leibe, in: Frankfurter Allgemeine Zeitung (FAZ), S. 10 vom 28.1.2017.

Kiefer, Markus et.al. (2008): The Sound of Concepts: Four Markers for a Link between Auditory and Conceptual Systems, in: The Journal of Neuroscience 19, 12224-12230.

Kolster, Wedig (1990): Die Wissenschaftslehre und -systematik Giambattista Vicos und deren Bedeutung für die Diskussion zwischen Natur- und Geisteswissenschaften, Herford.

Ders. (2003): Wissen und Bewerten. Unterwegs zu einer Ethik der Naturwissenschaften, Freiburg/München.

Ders. (2006): Zur Kritik ethischer Urteilsbildung. Emotionen Bewertung Handlungsorientierung, Freiburg/München.

Ders. (2008): Ethik in der Wirtschaft – Ein Prozess aus Emotionen und Vernunft, Berlin.

Ders. (2011): Eine Kritik der Wissenschaft an der Anerkennung der Wahrnehmung als Wissen, Berlin.

Kröplin, Bernd (2007): Interview, in: Fischer, Falk (2007): Wasser – Ein Universum für sich, Manuskript zur Sendung SWR2 Wissen, Baden Baden, 12. März 2007.

Krobath, Hermann (2009): Werte. Ein Streifzug durch Philosophie und Wissenschaft, mit einem Vorwort von Hans Albert, Würzburg. Kuhn, Thomas S. (Erscheinungsjahr): Die Struktur wissenschaftliche Revolution, zweite revidierte und um das Postskriptum von 1969 ergänzte Auflage, Frankfurt am Main.

Kullmann, Wolfgang (1998): Aristoteles und die moderne Wissenschaft, Stuttgart.

Kummer, Christian (2008): Evolution und Schöpfung. Zur Auseinandersetzung mit der neokreationistischen Kritikern Darwins Theorie, www.stimmen-der-zeit.de/StdZ_01_06_Kummer.pdf.

Krauss, Lawrence (2012): A Universe from Nothing, New York.

Lubbadeh, Jens (2010): Reprogrammierung. Forscher erschaffen Stammzellen mit Hilfe eines einzigen Gens, in: Spiegel Online Wissenschaft v. 5.10.2010.

Lübbe, Hermann (1986): Schluss Diskussion, Protokoll der Diskussion vom 22.5.1986, in Kolloquien zur Gegenwartphilosophie, herausgegeben von Willi Oelmüller, Paderborn/München/Wien/Zürich.

Maturana, Humberto R. (1988): Kognition, in: Der Diskurs des Radikalen Konstruktivismus, herausgegeben von Siegfried J. Schmidt, Frankfurt am Main.

Ders. (1974): Biologie der Kognition, übersetzt von Wolfram K. Köck, Peter Hejl und Gerhard Roth, Paderborn.

Meyer-Abich, Klaus Michael (1988): Wissenschaft für die Zukunft: Holistisches Denken in ökologischer und gesellschaftlicher Verantwortung, München.

Nagel, Thomas (2013): Geist und Kosmos. Warum die materialistische neodarwinistische Konzeption der Natur so gut wie sicher falsch ist, aus dem Amerikanischen von Karin Wördemann, Berlin.

Oelmüller, Willi (1986): Metaphysik heute? In: Kolloquien zur Gegenwartsphilosophie, Bd. 10, herausgegeben von Willi Oelmüller, Paderborn/München/Wien/Zürich.

Parmenides (2012): Über die Anordnung der Natur. Eine philosophische Askese, herausgegeben von Raphael M. Bonelli, Schalksmühle.

Patzig, Günther (1994): Relativität und Objektivität moralischer Normen, in: Gesammelte Schriften I, Göttingen, S. 9-43.

Ploog, Detlev (1999): Evolutionsbiologie der Emotionen, in: Psychiatrie der Gegenwart, 1, Grundlagen der Psychiatrie, herausgegeben von H. Helmchen, F. Henn, H. Lauter, N. Sartorius, Berlin/Heidelberg.

Pöltner, Günther (2014): Metaphysik – Aufgabe von Unaufgebbarem, in: Perspektiven der Metaphysik im „postmetaphysischen" Zeitalter,herausgegeben von Paola-Ludovika Coriando, Berlin.

Ridley, Matt (1997): Die Biologie der Tugend. Warum es sich lohnt, gut zu sein, aus dem Englischen von Angelus Johansen und Anne Weiland, Berlin.

Roser, Matthias (2010): Gott vs. Darwin. Umfassende Materialien zur Kontroverse "Evolution und Schöpfung", Donauwörth.

Roth, Gerhard (2004): Worüber dürfen Hirnforscher reden – und in welcher Weise? in: Hirnforschung und Willensfreiheit. Zur Deutung der neuesten Experimente, herausgegeben von Christian Geyer, Frankfurt am Main.

Ders. (2001): Fühlen, Denken, Handeln. Wie das Gehirn unser Verhalten steuert, Frankfurt am Main.

Ders. (1997): Das Gehirn und seine Wirklichkeit. Kognitive Neurobiologie und ihre philosophischen Konsequenzen, Frankfurt am Main.

Ders. (1987a): Erkenntnis und Realität: Das reale Gehirn und seine Wirklichkeit, in: Der Diskurs des Radikalen Konstruktivismus, herausgegeben von Siegfried J. Schmidt, Frankfurt am Main.

Ders. (1987b): Autopoiese und Kognition. Die Theorie H.R. Maturanas und die Notwendigkeit ihrer Weiterentwicklung, in: Der Diskurs des Radikalen Konstruktivismus, herausgegeben von Siegfried J. Schmidt, Frankfurt am Main.

Ders. (1978): Die Bedeutung der biologischen Wahrnehmungsforschung für die philosophische Erkenntnistheorie, in: Wahrnehmung und Kommunikation, herausgegeben von Peter M. Hejl, Wolfram Köck und Gerhard Roth Frankfurt am Main.

Runggaldier, Edmuns (2014): „Die Metaphysik" und die vielen metaphysischen Thesen, in: Perspektiven der Metaphysik im „postmetaphysischen" Zeitalter, Berlin.

Schantz, Richard (1998): Was ist sinnliche Wahrnehmung? in: Logos, Neue Folge, Bd. 5 Tübingen.

Schmidt, Jan C. (2008): Instabilität in Natur und Wissenschaft. Eine Wissenschaftsphilosophie der nachmodernen Physik, Berlin/New York.

Schockenhoff, Eberhardt (2004): Wir Phantomwesen. Über zerebrale Kategorienfehler, in: Hirnforschung und Willensfreiheit. Zur Deutung der neuesten Experimente, herausgegeben von ChristianGeyer, Frankfurt am Main.

Schrödinger, Erwin (1989): Geist und Materie, Zürich.

Singer, Wolf (2004): Selbsterfahrung und neurobiologische Fremdbeschreibung. Zwei konfliktträchtige Erkenntnisquellen, in: Deutsche Zeitschrift für Philosophie, 52. Jahrgang, Heft 2, Berlin.

Ders. (1999): Das Bild im Kopf – ein Paradigmawechsel, in: Gene, Neurone, Quits & Co. Unsere Welten der Information, herausgegeben von Detlev Ganten, Stuttgart/Heidelberg.

Speer, Andreas (2015): Das Streben nach Erkenntnis, in: Das neue Bedürfnis nach Metaphysik. The new desire for metaphysics, herausgegeben von Markus Gabriel, Wolfram Hogrebe und Andreas Speer, Berlin/Boston.

Staudinger, Hansjürgen (1986): Schlußdisussion, in: Kolloquien zur Gegenwartphilosophie, herausgegeben. von Willi Oelmüller, Paderborn/München/Wien/Zürich.

Stegmüller, Wolfgang (1970): Probleme und Resultate der Wissenschaftstheorie und Analytischen Philosophie, Bd. II, Studienausgabe A. Erfahrung, Feststezung, Hypothese und Einfachheit in der wissenschaftlichen Begriffs- und Theorienbildung, Berlin/Heidelberg/New York.

Strawson, Peter J. (1987): Skeptizismus und Naturalismus, aus dem Englischen übersetzt von M.N. Istase und Renata Soskey, Frankfurt am Main.

Tye, Michael (1999): Phenomenal Consciousness: The Explanatory Gap as a Cognitive Illusion, in: Mind, Bd. 108, Oxford.

Vico, Giambattista (1990): Prinzipien einer neuen Wissenschaft über die gemeinsame Natur der Völker, übersetzt (nach der dritten Auflage von 1744) von Vittorio Hösle und Christoph Jermann und mit Textverweisen von Christoph Jermann, mit einer Einleitung „Vico und die Idee der Kulturwissenschaft“ von Vittorio Hösle, Hamburg.

Ders.(1984): De nostri temporis studiorum ratione. Vom Wesen und Weg der geistigen Bildung, Lateinisch-Deutsche Ausgabe, Darmstadt.

Ders. (1979): Liber metaphysikus. (De antiquissima Italorum sapientia liber primus, 1710, Risposte 1711, 1712), aus dem Lateinischen und Italienischen ins Deutsche übertragen von Stephan Otto und Helmut Viechtbauer, mit einer Einleitung von Stephan Otto, München.

Whitehead, Alfred North (1984): Wissenschaft und moderne Welt, Frankfurt am Main.

Williamson, Stanley, J. (2000): Knowledge and its Limit, Oxford.

Wolf, Ursula (2014): Einleitung, in: Aristoteles Metaphysik, Hamburg.

Wucherer-Huldenfeld/Augustinus Karl (1994): Ursprüngliche Erfahrung und personales Sein, Bd. 1, ausgewählte philosophische Studien I., Anthropologie – Freud – Religionskritik, Wien/Köln/Weimar.

BIBLIOTHECA ACADEMICA
REIHE PHILOSOPHIE

ISSN 2509-8683

1 | Calzá, Maria Grazia
Dem Weiblichen ist das Verstehen des Göttlichen „auf den Leib" geschrieben. Die Begine Maria von Oignies (†1213) in der hagiographischen Darstellung Jakobs von Vitry (†1240)
2000. 257 S. Kt. € 34,00
ISBN 978-3-933563-49-1

2 | Auburger, Leopold
Wahrheit und Weisheit in der Metaphysik von Alfred North Whitehead und in den beiden Enzykliken „Fides et ratio" und „Veritatis splendor" von Papst Johannes Paul II.
2001. 111 S. Kt. € 17,00
ISBN 978-3-933563-91-0

3 | Riedel, Andreas
Das Leib Seele Verhältnis in der Medizin als Ausdruck des Verhältnisses von Wissenschaft und Unwissenschaft
2004. 324 S. Kt. € 42,00
ISBN 978-3-89913-324-0

4 | Passie, Torsten – Belschner, Wilfried – Petrow, Elisabeth (Hrsg.)
Ekstasen:
Kontexte – Formen – Wirkungen
2013. 398 S. mehr. S/w-Abb. Ln.
€ 59,00 ISBN 978-3-89913-942-6

5 | Hachmöller, Johannes
Platons Theaitetos. Ein Gespräch an Heraklits Herdfeuer
2015. 518 S. Fb. € 78,00
ISBN 978-3-95650-107-4

6 | Kolster, Wedig
Ethische Konflikte. Eine Lösung aus Emotionen und Vernunft
2016. 111 S. Kt. € 25,00
ISBN 978-3-95650-145-6

7 | Kolster, Wedig
Metaphysik und Metaphysisches
Ist Metaphysik an ihr Ende gelangt?
2017. 102 S. Kt. € 25,00
ISBN 978-3-95650-295-8

ERGON-VERLAG · WÜRZBURG

Zeitfracht Medien GmbH
Ferdinand-Jühlke-Straße 7
99095 Erfurt, Deutschland
produktsicherheit@kolibri360.de